지은이 노엘 크리스티안 A. 모라틸라 Noel Christian A. Moratilla

필리핀국립대학교 아시아센터 조교수. 동대학교에서 필리핀학으로 박사학위를 받았고 필리핀의 종교, 사회 문화에 관하여 연구하고 있다. 필리핀국립대 국제출판상을 네 차례 받았고 2018년 중국 하이난사범대학에서 발간한 『필리핀 개발보고서』에 공동편집자로 참여했다. 주요 논저로 「서발턴에 대해 말하기: 노동자들의 증언 내러티브가 담고 있는 종속성과 저항성(2005-2010)」, 「논박: 외국 회사에서 일하는 필리핀 노동자들의 증언 내러티브」, 「가려진 역사, EDSA 이후 필리핀 노동자」 등이 있다.

옮긴이 이혜주 李惠珠

번역가. 이화여자대학교 통번역대학원 번역학과(한영 전공)를 졸업했다. 부산국제영화제 자막번역 등 다수의 국제행사에서 번역 작업을 진행했으며, 『매거진B』 및 『매거진F』의 영문판 작업에 참여하고 있다. 그 외 문화·예술 관련 국내 논문을 영어로 번역·소개해왔다.

페니텐샤 — 정복당한 이들의 고행 그리고 저항

교차하는 아시아
002

페니텐샤
— 정복당한 이들의 고행 그리고 저항

노엘 크리스티안 A. 모라틸라 지음 — 이혜주 옮김

A｜C｜C

진정한 발견자는
운 좋게 무엇인가를 최초로
발견한 사람이 아니라
찾고 있던 것을 찾은 사람이다.

필리핀 팜팡가에서 어느 채찍질 고행단이
스스로를 채찍질하며 맨발로 시내를 걷고 있다.

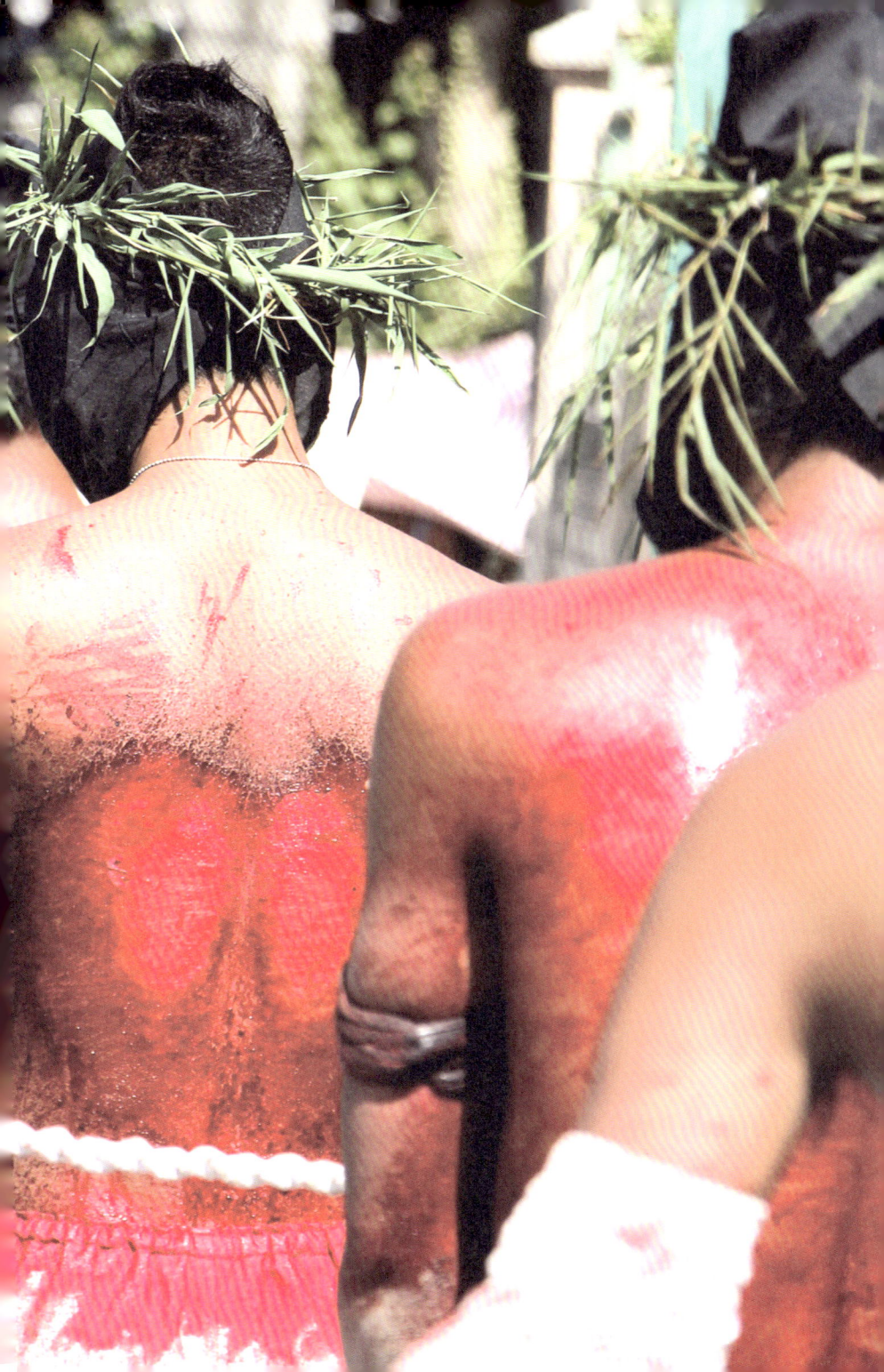

일러두기

- 이 책에 저본이 된 논문은 2018년 정부(문화체육관광부)의 재원으로 국립아시아문화전당의 지원을 받아 수행된 연구다. (ACC-2018-RF-01)
- 단행본은 『 』, 논문과 예술작품 등은 「 」로 표기했으며, 옮긴이가 별도의 문구를 추가하는 경우에는 [ ]으로 표기했다.
- 외국 인명·지명의 표기는 국립국어원 외래어 표기법에 따랐으며, 몇몇 경우에는 현지 발음에 가깝게 표기했다.
- 본문 이미지는 셔터스톡, 알라미 등으로부터 적법한 절차를 걸쳐 구입한 것들이다. 그 밖에 67, 69, 72면의 사진은 저자가 제공한 것으로, 공정이용의 원리에 따라 소유자의 허락이 요구되지 않는 이미지들이다.

차례

1 들어가며 012

2 갈등으로 점철된 가톨릭의 역사: 영성과 정치의 혼합 018

3 가톨릭 신앙의 재창조 028

4 처벌과 참회: 역사 속의 채찍질 046

5 채찍질 고행을 어떻게 볼 것인가 058

6 채찍질 고행은 사람들의 의식을 어떻게 바꾸었는가 064

7 마치며 096

미주 102

참고문헌 108

필리핀 마닐라의 비논도 성당

1 ★
들어가며

21세기의 특징은 문화적 다양성을 중시한다는 것이다. 통합과 경제성장의 수혜자인 아시아인들(이 점에서 21세기는 적절하게도 '아시아의 시대'라고 불리고 있다)은 이제 자국을 넘어 타국의 예술, 관습, 제도에 대해 배우고 체험하려는 열망을 보이고 있다. 아시아를 개략적으로 살펴보기만 해도, 세계의 다른 지역에서 존경과 경탄, 경외감, 심지어 부러움마저 불러일으킨 아시아인의 독창성과 창의성을 증명하는 풍성한 문화의 향연이 그 모습을 드러낼 것이다. 이러한 다양성 때문에 어떤 학자들은 아시아 같은 것이 실제로 존재하느냐는 농담을 던지곤 한다.

필리핀의 경우, 그 나라 문화를 연구하고자 학술적으로 살피다 보면, 두루 퍼져 있는 사회적·문화적 특징으로서의 신앙심을 필연적으로 다루게 된다. 특히 흥미로운 것은 필리핀 특유의 로마 가톨릭 신앙을 규정해온 여러 종교적 (그리고 유사 종교적) 관습이다. 필리핀의 가톨릭은 수세기에 걸친 스페인의 식민 통치의 역사와 불가분의 관계를 지니고 있다. 스페인 식민지 시대는 19세기 말 혁명이 일어나면서 막을 내렸고, 스페인이 필리핀 군도 대부분의 지역에서 지배권을 잃으면서 필리핀에는 짧은 기간이나마 공화국이 수립되어 존재했다.

민중봉기를 촉발한 여러 원인 중 하나는 가톨릭 성직자들이 필리핀인들에게 행한 여러 학대행위로 인해 생겨난 수도사에 대한 뿌리 깊은 반감이었다. 필리핀의 영웅인 호세 리살Jose Rizal, 안드레스 보니파시오Andres Bonifacio, 이사벨로 데 로스 레예스Isabelo de los Reyes, 마르셀로 델 필라Marcelo del Pilar의 글은 식민 통치자들의 억압하에 필리핀인들이 겪어야만 했던 사회적 부당함을 생생하고도 도발적으로 증언하고 있다. 그럼에도 인디오들(스페인 사람들이 필리핀인을 폄하하며 일컬었던 단어)은 성직자 통치에 대한 경멸과 자신들이 재해석한 가톨릭 세계관은 별개의 것이라고 생각하는 듯이 신앙심에 끈질기게 매달렸다.

이 책에서는 필리핀 가톨릭 신자들이 행하는 중요한 종교 의식인 페니텐샤, 즉 채찍질 고행을 분석한다. 특히 이 의식을 국가의 지위와 아브젝시옹abjection*에 대한 광범위한 비유로 해석하고자 한다. 이를 위해서는 해당 의식을 폭넓은 역사 및 사회의 맥락 내의 다층적 텍스트로 이해해야 한다. 나는 개종과 복음 전도라는 미명 아래 필리핀인을 미개한 이교도로 묘사하는, 아직도 서구 담론에 만연한 오리엔탈리즘의 관점에 반해 아브젝시옹의 개념에 집중할 것이다. 필리핀인들에 대한 이러한 묘사의 대부분은 크리스테바J. Kristeva가 주창한 아브젝시옹 개념의 근간을 이루는 공포 및 혐오감과 연관되어 있다. 이 책에서는 또한 필리핀의 역사적 경험과 집단적 상상을 고려할 때, 채찍질 고행을 제임슨F. Jameson이 설명하는 국가의 알레고리화^{**}로 이해할 수 있다고 주장한다.

---

* 아브젝시옹(abjection)은 불가리아 출신의 기호학자이자 철학자인 줄리아 크리스테바(Julia Kristeva)가 쓴 『공포의 권력』(Pouvoirs de l'Horreur, 1980)에 나오는 개념이다. 이 용어는 한국어로는 폐기(廢棄), 비천함, 역겨움 등으로 번역되며, '사회적 금기의 상징체계와 존재의 근원적 충동 사이에 벌어지는 대결'이라고 정의할 수 있다. 라캉의 개념을 빌려 설명하면 이는 유아가 상상계로부터 상징계로 편입하기 위해 억압한 무의식적 욕망을 가리킨다. 즉, 이는 선악의 이분법으로 구분했을 때 억압적이며 윤리적인 것에 대항하는 성질인 동시에 인간 내면의 억압된 자연성을 회복시켜주는 것으로 나타난다. 크리스테바는 오래 전부터 인간의 의식들 속에서 행해지는 정화 행위의 본질이란 아브젝시옹을 통한 의식이라고 설명하며, 모든 종교가 억압하려는 아브젝시옹이야말로 종교의 다른 한 면이자 종교 자체를 존재하게 하는 힘이라고 주장한다. '비참의 정화'라는 개념은 베토벤, 도스토옙스키 등으로부터 다뤄진 근현대 예술의 주요 주제이기도 하다.

** 국가의 알레고리(national allegory, 민족적 알레고리)는 '민족과 개인의 운명을 얼마간 유사한 것으로 보려는 시도'를 가리킨다. 프레드릭 제임슨(Fredric Jameson)은 그의 논문

「다국적 자본주의 시대의 제3세계 문학」(Third-World Literature in the Era of Multinational Capitalism, 1986)에서 제3세계의 텍스트들이 필연적으로 '(민족)국가의 알레고리'로 읽힌다고 주장하며, 이 용어를 사용했다. 이를테면 루쉰의 『광인일기』는 한 개인의 정신질환을 말한다기보다 당시 식민지 치하의 중국 상황을 알레고리로 드러낸다는 것으로, 한 개인의 심리가 사적 영역이 아니라 공공의 정치적 지향 등으로 드러난다는 의미다.

2

갈등으로 점철된 가톨릭의 역사
: 영성과 정치의 혼합

필리핀의 현 대통령이자 정치계의 이단아인 로드리고 두테르테Rodrigo Duterte[1]는 2016년 대통령직에 취임하기 전부터 로마 가톨릭 교회에 맹렬한 비난을 퍼부어왔다. 대선을 몇 개월 앞둔 어느 날, 당시 다바오 시의 시장으로서 이미 대선 여론조사에서 선두를 달리고 있던 두테르테는 교황이 필리핀에 국빈으로 방문하는 동안 교통체증을 일으켰다며 반 농담조로 악담을 퍼부었다. 상대편 후보는 이 발언이 두테르테의 유세에 악영향을 줄 것으로 기대했다. 그는 두테르테의 모욕적인 말을 부각시키면서, 그런 말은 필리핀에서 가장 높은 선출직 공무원에게 어울리지 않는 언사라고 주장했다. 예상대로 많은 가톨릭 교계 지도자들은 두테르테의 말을 교황에 대한 모욕으로 받아들이고 분노를 숨기지 않았다. 요점만 이야기하자면, 두테르테의 리더십 스타일을 비판하는 이들에게는 실망스럽게도, 그는 오히려 가장 높은 득표수를 기록하고 승자가 되었다. 취임 후 2년이 지난 지금 그는 여전히 가톨릭 교계와 앙숙인 듯이 보인다. 많은 즉흥연설에서 두테르테는 신부들이 저질렀다는 혐의를 받고 있는 범죄를 거론하는 등 가톨릭 교계에 욕설을 퍼부었다. 그는 연설 중 특유의 호기로운 태도로『비밀의 제단 Altar of Secrets』[2]이라는 책을 휘두르듯 내보이며 가톨릭 교회가 위선적이라고 비난하곤 했다.『비밀의 제단』은 가톨릭 교계 지도자들의 부패와 성폭력 등 비위를 다룬 책이다.

국교 혹은 최소한 국교 지도자들과 유명인사 간의 갈등은 필리핀 역사에서 새로운 일이 아니다. 식민통치 당시 스페인 성직자들은 막대한 부를 축적하고 식민통치의 헤게모니를 영속시키기 위해서라면 폭력도 불사하는 동시에 식민지배자 입장에서 해석한 가톨릭교를 전적으로 받아들이도록 강요하는 등의 온갖 만행을 저질렀고, 필리핀인들은 이를 참고 견뎌야만 했다. 유럽인 콘키스타도르 conquistadore, 즉 정복자들이 필리핀에 발을 딛자마자 전파한 로마 가톨릭교는 필리핀에서 패권을 장악하고 유지하기 위해 때로는 교묘하고 때로는 노골적인 전략을 취하는, 식민지배를 위한 필수 도구가 되었다.

식민지의 성직자들은 정부 인사들과 긴밀한 관계를 유지하면서 인권탄압을 돕고 지식 생산을 통제했다. 교육은 대부분

이들의 영향력 아래 있었다. 산토 토마스 대학교(1611년 설립)나 아테네오 데 마닐라 대학교(1864년 설립) 같은 고등교육기관은 (현재와 마찬가지로) 각각 도미니크회와 예수회가 경영했으며, 필리핀 현지인 중 주로 상류층 및 중산층을 대상으로 했다. 서적으로는 교리문답, 기도문, 로마 가톨릭 교리에 따라 사는 삶을 다룬 책들이 주로 출간되었다. 편지 형식의 글을 모은 『두 자매 어바나와 펠리사의 글 Ang Pagsusulatan ng Dalawang Binibini na si Urbana at si Felisa』[3] 같은 비종교서적은 가톨릭 교도의 순종과 보수성을 강조했다.

성직자들의 경우, 신부들은 성직자 조직이 최대한 스페인 사람으로만 구성되기를 원했으며, 따라서 필리핀인이 성직에 들어가는 것을 제한하고 필리핀 현지 수도회의 구성을 막았다. 역사는 가톨릭 교회가 인디오에게 사제가 될 수 있는 권리를 인정하지 않아서 여러 번 봉기가 일어났다고 기록하고 있다. 에르마노 풀레 Hermano Pule(풀레 형제)라는 가명으로 잘 알려진 타야바스 Tayabas의 아폴리나리오 델라 크루즈 Apolinario dela Cruz의 경우가 그 적절한 예다.[4] 천성적으로 경건한 성품의 풀레는 신부가 되고자 했으나 필리핀인이라는 이유로 거부당했다. 그는 개의치 않고 코프라디아 데 산 호세 Cofradia de San Jose(산 호세 신도단)라는 이름의 종교단체를 만들었다. 이는 가톨릭 교계에서 받아들일 수 없는 행위였다. 그러나 이 단체의 위법성에도 불구하고 필리핀 제도에서 가장 큰 섬인 루손 섬의 여러 주에서 많은 추종자들이 풀레를 따랐다. 풀레의 인기가 식민 정부와 교회에 위협이 되자 결국 풀레는 투옥된 후 처형당했고, 그의 시신은 필리핀인들이 순교자를 모방할 엄두를 내지 못하도록 훼손되었다.

필리핀의 많은 영웅과 순교자가, 성직자들과 그들이 국정에 행사하는 부당한 영향력에 대해 경멸을 숨기지 않았던 것은 놀랄 일이 아니다. 플라리델이라는 필명으로도 알려져 있는 선전운동가 마르셀로 H. 델 필라 Marcelo H. del Pilar[5]는 「성모 찬가 Aba Ginoong Maria」를 「동전 찬가 Aba Ginoong Barya」[6]로 고쳐 쓰는 등 잘 알려진 가톨릭 기도문들을 패러디함으로써 성직자들에 대한 반감을 드러냈다. 순교자 호세 리살[7]은 소설 『나를 만지지 마오 Noli Me Tángere』와 『훼방꾼 El Filibusterismo』에서 스페인 성직자들을 포함한 식민지배 세력이 저지른 부당한 범죄들을 비난했다. 예를 들어, 소설에서 추악한 인물로 그려지는 다마소 신부와 살비 신부는 성직자의 횡포를 보여준다. 다마소 신부는 자신의 권위에 위협이 되는 사람들을 저주하고 내쫓는 비열한 성직자다. 그는 또한 두 소설의 주인공인 크리소스토모 이바라의 약혼녀 마리아 클라라의 아버지이기도 하다. 여러 이유로, 필리핀인들이 독립을 염원하게 된 주 원인은 성직자들에 대한 뿌리 깊은 증오였다.

흥미로운 점은 가톨릭 교회가 정치에 관여했기 때문에 식민 정부 또한 교회와 항상 좋은 관계를 유지한 것은 아니었다는 사실이다. 정부와 교회의 갈등은 심지어 스페인 총독이 살해당하는 것으로 막을 내린 적도 있었다. 18세기 마닐라 대주교와 갈등을 빚고 있던 페르난도 루에다 총독은 자신의 궁에서 가톨릭 주교들에게 살해당했다. 이 장면을 묘사한 화가 펠릭스 레수렉시온 이달고Felix Ressureccion Hidalgo의 작품[8]은 오늘날까지 걸작으로 남아 있다. 정부 관계자들의 코앞에서 성직자들이 이같이 잔혹한 폭력을 행사할 수 있었다는 사실은 이들이 손에 쥔 권력에 대해 많은 것을 시사한다. 교회가 필리핀인들에게 가혹한 징벌을 가하는 등의 지배력을 행사할 수 있었던 것도 놀라운 일은 아니다.

리살이 처형된 반세기 후, 리살은 가톨릭 교계와 다시 한 번 맞붙게 된다. 당시 마닐라 대주교 루피노 J. 산토스Rufino J. Santos가 이끄는 가톨릭 교계 지도자들은 필리핀 전역의 중등학교에서 리살의 소설을 필독서로 지정하는 법안에 격렬하게 반대했다. 산토스 대주교는 필리핀 의회에서 다음과 같이 주장했다. "우리는 이 소설들이 우리의 믿음에 배치되는 가르침을 담고 있다고 단언하며, 가톨릭 신자들이 나쁜 영향을 받을 수 있는 이 같은 책 전체를 필리핀 내 모든 학교에서 필독서로 지정하는 제안에 반대한다."[9] 이에 대해 해당 법안을 발의한 클라로

렉토 Claro Recto 상원의원은 "심지어 사망 후에도 무자비하게 박해당하고 있다는 것이 바로 리살의 비극"[10]이라고 응수했다. 가톨릭 교계의 반대에도 법안은 통과되었으며, 이후 영웅 리살의 선동적인 소설은 필독서가 되었다.

현대에도 필리핀의 가톨릭 교회는 여전히 큰 영향력을 미치고 있으며 과거에 그랬듯이 속세의 일에 종종 개입한다. 선거철에 승리의 확률을 높이기 위해 영향력 있는 성직자로부터 인정받으려 애쓰는 정치인들에 대해 듣게 되는 것은 그리 놀라운 일도 아니다. 역으로 교계에서 일부 정치인에 대해 반대하는 입장을 표명함으로써 유권자들이 그들에게 표를 던지지 않도록 유도하기도 하며, 특히 이때에는 특정 사안에 대해 교회와 다른 입장을 가진 정치인들이 그 대상이 된다. 예를 들면 2013년, 생식生殖보건에 확고하게 반대하는 입장인 가톨릭은, 당시 가족계획과 책임감 있는 자녀 양육을 위해 인공적 수단의 사용을 허용하는 생식보건법에 찬성표를 던져 통과시킨 후보들을 반대하는 운동을 전개했다. 선거 몇 주 전, 몇몇 가톨릭 교회들은 생식보건법을 찬성한 정치인들과 당의 이름을 방수포에 적어 이를 눈에 띄도록 내걸고 그들을 '팀 파타이 Team Patay', 즉 죽음의 팀[11]이라고 불렀다.

일부 종교 지도자들은 정치적 의견을 숨기지 않기로 유명하며, 심지어 신도들에게 정부에 맞서 시위할 것을 종용하기도

한다. 일례로, 오랫동안 마닐라 대주교직을 수행했던 고故 하이메 신Jaime Sin 대주교는 1986년 페르디난드 마르코스Ferdinand Marcos 대통령과 2001년 호세프 에스트라다Joseph Estrada 대통령 등 두 명의 전직 대통령을 축출한 세력 중 한 명이었다. 가톨릭 교계의 현 지도자들은 현직 대통령에 대한 반감을 공개적으로 드러내면서 이전의 각본을 다시 한 번 실행해보려는 듯이 보인다. 그러나 가톨릭 지도자들이 인정했던 전 정권들에 대한 불만과 더불어 두테르테 대통령의 인기와 필리핀 내 다른 종교 세력들이 대통령에게 보내는 지지를 고려하면, 두테르테의 통치를 뒤흔들려는 가톨릭 교계의 노력은 수포로 돌아갈 것이 적어도 현재로서는 자명하다.

3

가톨릭 신앙의 재창조

필리핀인들이 외국의 종교를 자신들의 경험을 담아내는 그 어떤 것으로 재해석했다는 사실은 식민주의의 복잡성을 시사한다. 여러 면에서, 필리핀의 가톨릭은 16세기 필리핀 제도에 처음 발을 디딘 유럽인들이 소개한 교리를 재구성한 혼합 종교 내지는 잡종 종교의 양상을 띤다. 유럽의 침략 이후 필리핀인들이 본래 믿던 신과 영혼은 외래의 성인으로 대체되었으나, 고대 신앙생활의 흔적은 사라지지 않고 남아 새 종교의 틈으로 스며들었다. 필리핀인들은 정의와 자유를 향한 염원을 담아내는 것은 물론 정령숭배 의식을 지속하기 위해 가톨릭의 교리를 재창조했으며, 이로써 가톨릭 교리는 고압적인 식민 통치자들에 대한 미묘한 저항의 형태를 띠게 되었다.[12] 필리핀인들은 스페인 수도사들이 승인하거나 창작한 종교적 문헌들을 자신들의 비참한 상황을 반영할 수 있도록 재해석했다.

레이날도 이레토Reynaldo Ileto는 그의 획기적인 저작 『수난과 혁명Pasyon and Revolution』[13]에서, 『패션Pasyon』(그리스도의 삶과 죽음, 부활을 다룬 수난의 서사)과 같이 배신과 필연적 구원을 담은 잘 알려진 문헌들이 정의를 향한 필리핀인의 투쟁 및 결국 스페인으로부터 독립해야 할 당위성과 공명한다고 보았다. 이레토의 해석에 따르면 필리핀인들의 반식민 투쟁은 그리스도의 수난을 내면화하여 영감을 얻은 것이다. 이레토의 포스트모던 역사기록학은 전통적으로 '큰 사건'과 '큰 인물'에 집중하는 역사 글쓰기에서 나타나는 경험적 실증주의 패러다임의 한계를 강조하고 있다. 천년왕국운동이 이를 단적으로 보여주는 예다. 전통적 역사학자들뿐만 아니라 소위 진보적이라는 역사학자들에게까지 무시당했음에도, 천년왕국운동은 스페인인과 미국인, 심지어 갓 태동하기 시작한 독재정권까지도 끌어들이며 식민주의에 대한 투쟁에서 중요한 역할을 감당했다.

이레토는 자신의 책에서 특히, 가톨릭교와 식민지 시대 이전의 정령 숭배 두 가지 모두에서 상징을 빌려 사용한 루손 섬의 아폴리나리오 델라 크루즈(에르마노 풀레)와 비사야 제도의 디오니시오 마그부엘라스Dionisio Magbuelas, 파파 이시오Papa Isio 같은 인물들을 소개하고 있다. 이들 지도자는 그들의 추종자들과 함께, 무장한 스페인군과 미국으로부터 자신을 지키기 위해 행운을 가져오고 불운을 막아주는 부적을 지니고 다녔다고 전해진다. 이 책에 등장하는 또 다른 인물은 1967년 5월 페르디난드 마르코스 정권을 축출하기 위해 소작농들을 이끌고 대통령 궁으로 행진한 비콜라노 족의 80대 노인 발렌틴 델로스 산토스 Valentin delos Santos[14]다. 대부분 칼로 무장하고 부적이 자신들을 지켜주리라고 믿은 소작농들은 필리핀 무장 경찰과 혈투를 벌였고, 30명 이상의 라피앙 말라야 Lapiang Malaya(자유운동) 단원들이 사망했다. 일부 학자들은 이와 같은 사건들과 인물들을 필리핀 역사에서 부수적인 것으로 취급하지만(소위 마르크스주의자라는 한 학자는 심지어 이 같은 "비이성적" 집단의 존재는 "진보" 운동에 위협이 된다는 견해까지 내놓았다), 이레토는 이들을 조명하며 천년왕국파 신자들이 필리핀의 "진행형 혁명"에서 중요한 역할을 담당했다고 주장했다.

흥미로운 점은 필리핀인들이 수도사들에 대해 품은 뿌리 깊은 경멸에도 불구하고 가톨릭 교리와 관습을 여러 방향으로 재해석하여 가톨릭 신앙에 의지했다는 사실이다. 지금도 필리핀에는 천년왕국설을 신봉하는 종교 단체가 여럿 존재하며, 이들은 각자 나름대로 재해석한 기독교의 가르침에 필리핀의 식민지 시대 전후의 역사 속 요소를 융합시킨 형태의 신앙에 따라 삶을 살아간다. 그중 필리핀의 가장 유명한 순교자 리살을 숭배하기 때문에 리살리스타 Rizalistas라고 불리는 집단은 수도 마닐라 근교의 신령하다는 바나하우 산기슭에 거주한다. 이들이

흥미로운 점은 필리핀인들이 수도사들에 대해 품은 뿌리 깊은 경멸에도 불구하고 가톨릭 교리와 관습을 여러 방향으로 재해석하여 가톨릭 신앙에 의지했다는 사실이다.

리살을 유사종교적 신화와 상징의 주인공으로 삼은 것은 매우 큰 의미를 지닌다. 다른 무엇보다도, 천년왕국운동의 교리가 주류 기독교 교파들과는 달리 역사 속 사건으로부터 지대한 영향을 받았음을 보여주기 때문이다.

필리핀 일반의 신앙심은 이처럼 매우 복잡한 성격을 띠고 있으며, 이 책에서 앞으로 더 심도 있게 논의하겠지만, 심지어 이단적이라고까지 할 수 있다. 정부 내 필리핀인의 참여를 제한하고 수도사들은 학대를 가하는 등 유럽인들이 필리핀인들에게 저지른 온갖 불의에도 불구하고, 식민지 시대의 필리핀인들은 가톨릭에 의지했다. 이들의 신앙심이 가장 잘 드러나는 시기는 성주간 聖週間이다. 성주간에는 거의 모든 활동이 서서히 중단된다. 가톨릭(과 일부 기독교 교파)에서는 금식, 매일 드리는 미사, 기도, 행렬 참여 등으로 그리스도의 죽음과 부활을 기념한다. 늘 복잡하고 교통량이 많은 주요 도로에는 평소보다 오가는 차가 줄어든다. 사업체와 사무실은 거의 다 문을 닫는다. 심지어 방송국들도 정규 편성 프로그램 대신 미사와 종교를 주제로 한 영화를 방송한다. 어떤 열성 신자들은 전통적 기도와는 별개로 '비지타 이글레시아 visita iglesia', 즉 교회 방문을 하는데, 그리스도의 가상칠언(架上七言, 예수가 십자가 위에서 남긴 일곱 가지 말씀)을 기억하면서 교회를 최소한 일곱 군데 방문하는 것이다.

그리스도의 삶과 죽음, 그리고 부활을 다룬 장편의 설화 서사시를 노래로 부르는 것 또한 이 시기에 널리 행하는 관습이다. 부언하자면 수난곡의 인기는 서사시에 곡조를 붙여 부르던 식민통치 이전 시대로 거슬러 올라간다.[15] 그 뒤에 나타난 스페인 사람들은 필리핀의 애니미즘을 타파하려는 목적으로 필리핀인들에게 그리스도와 가톨릭의 성인들을 받아들일 것을 강요했다. 그 결과 적지 않은 수의 필리핀인들이 가톨릭을 받아들였지만, 식민주의는 필리핀인들의 신념 체계를 완전히 붕괴시키지는 못했다. 앞서 천년왕국운동과 관련해 설명했듯이, 식민통치하의 필리핀인들은 오히려 가톨릭 신앙을 급진적이지는 않지만 미묘한 형태로 전용轉用하고 있었다.

가톨릭의 가르침에 따르면 성주간은 또한 참회와 용서의 기간이다. 가톨릭 교계에서 승인하지 않는 수많은 사순절 의례가 오늘날까지 행해지는데, 루손 섬 근처의 마린두케 섬에서 개최되는 모리오네스 축제 Moriones Festival[16]가 그중 하나다. 모리오네스 축제는 성 금요일과 관련된 다른 행사들과 마찬가지로 그리스도가 갈보리 언덕에서 십자가에 못 박혀 죽기 직전의 몇 시간을 기념하기 위해 시작된 것으로 짐작된다. 그러나 침울한 분위기의 다른 종교 행렬과 수난극과는 달리 모리오네스 축제에서는 화려하고 다채로운 가면과 의상을 착용한 등장인물들 덕분에 축제 분위기를 느낄 수 있다.

가톨릭의 가르침에 따르면 성주간은 또한 참회와 용서의 기간이다. 가톨릭 교계에서 승인하지 않는 수많은 사순절 의례가 오늘날까지 행해지는데, 루손섬 근처의 마린두케 섬에서 개최되는 모리오네스 축제가 그중 하나다.

모리오네스 축제는 성 금요일과 관련된 다른 행사들과 마찬가지로 그리스도가 갈보리 언덕에서 십자가에 못 박혀 죽기 직전의 몇 시간을 기념하기 위해 시작된 것으로 짐작된다. 그러나 침울한 분위기의 다른 종교 행렬과 수난극들과는 달리 모리오네스 축제에서는 화려하고 다채로운 가면과 의상을 착용한 등장인물들 덕분에 축제 분위기를 느낄 수 있다.

여기서 중심인물은 그리스도가 아니라 롱기누스라는 이름의 눈 먼 로마 백부장으로, 전승에 따르면 그는 죽은 예수를 십자가에서 내릴 때 그 옆구리를 창으로 찔렀다고 한다. 이때 상처에서 나온 피가 롱기누스의 눈에 튀었고, 이로써 그의 시력이 회복되었다. 그때까지 예수를 믿지 않았던 롱기누스는 이후 자신에게 일어난 기적을 사람들에게 이야기하기 시작했고, 그리스도는 진짜 하느님의 아들이라고 선포했다. 이로 인해 체포된 롱기누스는 결국은 동료 백부장들에게 참수당한다. 필리핀의 다른 수난절 공연처럼 모리오네스 축제에도 각계 각층의 사람들과 커뮤니티가 참여하는 특징이 있다. 더욱이 등장 인물들의 의상(다양한 표정의 대형 가면)과 행동(여성과 아이들을 쫓는 등)은, 마린두케 섬(과 더 나아가 필리핀)이 경험한 과거 식민지 시대에서 유래된 다양한 요소가 현재의 평범한 일상과 융합된 흥미로운 모습을 보여준다.

롬블론 섬에서 열리는 또 다른 축제는 모리오네스 축제만큼이나 흥미롭다. 모리오네스 축제처럼 롬블론 축제 역시 성 금요일에 개최된다. 이날은 그리스도의 죽음을 기념하는 날인 만큼, 필리핀의 다른 지방에서는 전통적으로 행진을 하며 슬픔에 찬 침묵과 기도 속에서 보내는 것이 일반적이다. 반면 롬블론 섬의 의식에서는 영성에 유머와 불경스러운 요소를 섞어, 커다란 성기가 튀어나온 거대한 유다 상을 불태운다. 크루즈-루체로 Cruz-Lucero는 이처럼 도발적인 의식이 식민통치 시대로부터 시작된, 성관계를 억압하는 종교적 담론에 대한 반발일 수 있다고 분석한다.

> 유다의 남근이라는 담화는 필리핀 문화 전반에 나타나는 것으로, 검열이나 혹은 부르주아적인 "체면과 고상한 취향"에 의해 성관계가 고의적으로 억압당한 지방에서 특히 두드러지게 나타난다. 필리핀인들이 가톨릭 교회의 폭압적인 권위에서 스스로를 해방시켰을 때, 그들의 승리감은 팔루스적 권력을 과시하는 형태로 드러났다.[17]

식민지 시대 이전부터 존재했으리라고 추정되는 몇몇 미신적 믿음은 성주간의 엄수嚴修를 더욱 흥미롭게 한다. 예를 들어, 시골 지역에는 성 금요일 오후 세 시부터 부활 주일 전까지는 물이 피로 변할지도 모르므로 목욕을 삼가야 한다는 믿음이 널리 퍼져 있다. 또한 소위 신이 '죽은 상태'라고 하는 성 금요일과 성 토요일에는 흑마법이 아마도 더 강력할 것이기 때문에 부적, 마법, 마술이 효과가 있는지 시험해본다. 이 같은 관행과 믿음이 가톨릭 교회에서 전적으로 승인되지 않음에도 오늘날까지 이어지는 이유는, 작고한 인류학자 F. 란다 호카노 F. Landa Jocano가 설명했듯이 이러한 믿음이 "사람들의 감정적 행동 기저에 있는 심리적 구성체"[18]이기 때문이다. 다시 말해, 필리핀인들은 이 같은 의례 속에서 자신들의 집산주의적 세계관과 공명하는 요소들을 발견한 것이다. 호카노 박사의 글을 다시 인용한다.

> 시골 사람들에게 그들을 둘러싼 의례와 기본적 믿음은 각기 다른 별개의 전통적 관습과 전승을 하나로 모아준다. 또한 이는 자신들의 행동이 현지의 개념과 조화될 수 있는 명확한 방법을 스스로 깨달을 수 있는 기준, 그리고 관행과 의례가 삶의 중심 가치를 강화할 수 있는 방식의 예시를 제공해준다.[19]

처벌과 참회
: 역사 속의 채찍질

가톨릭 교회가 권위를 유지하기 위해 폭력을 동원했다는 것은 주지의 사실이다. 가톨릭 성직자들 또한 교리를 설파하면서 강압과 협박을 통해 필리핀인들을 굴종시키고 스페인의 헤게모니를 영속시키고자 했다. 찰스 커닝엄 Charles Cunningham이 1918년 쓴 글에서 인용한 파하르도 Fajardo 총독의 1621년 보고서를 보면, 총독은 수도사들이 육체적 처벌을 선호하는 경향에 대해 우려를 표명하고 있다. 그에 따르면 성직자들은,

경범죄에도 채찍질이나 여타의 잔혹한 처벌을 가했으며, 더 나아가 식민 정부에 반란을 일으키도록 현지인들을 선동했다. 그는 [보고서를 통해] 성직자들이 강력한 봉건체제를 만들어내어 그 속에서

무지한 현지인들의 몸뿐만 아니라 영혼까지도 지배했음을 보여주었다.[20]

커닝엄은 또한 프랑스의 여행가이자 학자이며 1780년대 말 필리핀을 방문한 르 장티 Le Gentil 의 글을 인용하여 수도사들이 "미사에 참석하지 않았다는 이유로 남녀를 불문하고 인디언들sic에게 채찍질을 가하고 처벌하기"[21]를 즐겼다는 점에 주목한다. 르 장티는 다음의 글에서 추측할 수 있듯이 성직자들의 권력남용 또한 비판했다. "그들은 절대적인 권력을 지니고 있어 어떤 스페인인도 감히 그곳에서 자리 잡을 생각을 하지 못한다. (…) 그들은 스페인 왕보다 더 큰 권력을 휘두른다."[22] 실제로 수도사들은 그들의 영역 내에서 전적인 통제권을 쥐고 있었으며, 심지어 필리핀인들에게 스페인어를 가르치라는 등의 본국의 칙령도 고집스럽게 거역했다. 그 결과 다른 식민지와는 달리 필리핀에는 스페인어가 널리 퍼지지 못했다.

채찍질은 수도사들만 가한 것이 아니었으며, 채찍질에서 영적 가치를 발견한 필리핀인들도 스스로에게 채찍질을 가했다. 수도사들은 고행으로서의 채찍질을 "경건한 신앙심의 발로"[23]라며 권장했으나, 필리핀인들은 이를 자신들의 영혼을 강화하기 위한 수단으로 사용했다. 채찍질 고행은 몸과 영혼, 육과 영의 이분법에서 후자가 우위에 서는 기독교의 기본적인 가르침을 구체화하는 것이었다. 필리핀인들은 몸을 처벌함으로써, 다시 말하면 육체로부터 스스로를 '이탈시키는' 의식을 통해, 죄는 용서 받고 영혼은 더욱 강력해지리라 믿었다.

처벌의 형태로서의 채찍질은 스페인 사람들이 필리핀 땅을 밟기 전부터 흔한 처벌이었으며, 심지어 노예가 되는 것보다 가벼운 벌로 여겨졌다.[24] 그러나 식민통치자들은 몸을 정화하고 몸(과 영혼)에서 죄를 제거한다는 새로운 의미를 채찍질에 부여했다. 심한 매질을 벌로 받게 되는 여러 죄목 중 하나는 미사에 불참하는 것이었다. 아실라Arcilla는 "죄를 범한" 필리핀인들에게 채찍질을 가한 어느 성직자를 정당화하는 17세기 말의 보고서에서 다음의 일화를 인용한다.

> 미사에 참석하지 않아 채찍질을 당한 중국인들과 관련해, 나는 보좌 신부가 아버지로서 부상을 초래하지 않는 적당한 처벌을 내릴 수 있다고 생각한다. 이러한 이유로 인디오 티마우아indio timaua(자유 신분의 필리핀인)에게 양심의 가책 없이도 채찍질을 두어 번 가할 수 있는 것이다. 왜냐하면 이 경우 모욕을 주는 것도 아니고 고통이 과도하지도 않기 때문이다. 그러나 티마우아보다 평판이 좋은 중국인들에 대해 불평을 하는 이들이 있었다. 중국인들에게 채찍질을 하는 것은 눈에 띄는 모욕이 될 것이다. 만약 이 중국인이 그다지 존중을 받지 못하는 저 불쌍한 짐꾼들 중 한 명이라면, 그를 신

부의 집에서 몰래, 아버지가 아들에게 가할 수 있는 정도를 넘어서지 않는 선에서 채찍질을 하는 것이 적당한 처벌이 되리라고 생각한다.[25]

스페인 지배하의 필리핀에 존재했던 수도회 중 프란체스코회와 예수회는 채찍질 고행을 사순절 기간뿐만 아니라 매주 금요일마다 시행할 것을 장려했다. 그러나 오래 지나지 않아 주민들은 이 고행에 익숙하게 되어 마치 채찍질이 신체에 미치는 영향을 의식하지 못하는 것처럼 과도한 빈도로 이를 시행하게 되었다. 더욱이, 이들이 채찍질 고행을 더 이상 하지 말라는 수도사들의 주문에 귀를 기울이지 않자, 1770년대 교회 권위자들은 마닐라 거리에서 고행과 "육체적 속죄행위 일체"를 금했다.

채찍질은 식민체제에서 가장 많이 사용되는 처벌의 형태 중 하나가 되었으며, 행정 당국에서는 경의를 표하는 등의 시민의 '의무'를 다하지 않는다고 생각되는 필리핀인들에게 채찍질을 가했다. 채찍질은 때때로 매우 잔혹하고 폭력적이어서 죽음을 초래하기도 했다. 이 같은 처벌은 아예 못 받거나 받더라도 액수가 한참 모자른 임금과 함께, 스페인 식민지 시대의 노동 여건을 더욱 악화시켰다. 미국 식민지 시대의 보고서는 "필리핀인들은 갤리선에서 쇠고랑을 찬 채로 채찍질을 당하며 노예처럼 일하고 월 4레알(50센트)의 임금을 받았다. 임금은 매우 불규칙하게 지급되었으며 그나마도 받지 못한 사람이 상당수였다"[26]고 밝히고 있다.

이 같은 경우의 채찍질은 신체를 미셸 푸코Michel Foucault가 "순응적 신체"라고 부르는 것으로 격하시켰다. 푸코의 도발적인 책 『감시와 처벌Discipline and Punishment』의 한 대목은 인용할 만한 가치가 있다. 여기서 푸코는 권력의 메커니즘, 특히 처벌과 감금의 메커니즘이 어떻게 신체를 터무니없을 정도로 쉽게 조종 가능한 것으로 탈바꿈시키는지를 한눈에 보여준다.

> 이러한 복종의 기술을 통해 새로운 객체가 만들어지고 있는 것이다. 그 객체는 서서히 기계적인 신체—그 이미지가 규율에 의한 인간 완성을 꿈꾸던 머릿속에서 아주 오랫동안 떠나지 않던, 굳건하고 활동적인 그러한 실체—의 외양을 갖춘다. 그 새로운 객체란, 힘을 갖고 있으면서 지속적인 근거가 되는 자연 그대로의 신체이고, 그 자체의 질서, 시간, 내적 조건 및 구성요소를 갖춘 특정한 직업을 수행할 수 있는 신체다. 신체는 새로운 권력기구들의 표적이면서, 동시에 새로운 지식의 대상이 된다. 사변적 물리학에서의 신체라기보다 오히려 훈련을 위한 신체이고, 동물적 성향이 관통한 신체라기보다 오히려 권력에 의해 조작되는 신체다. 또한 유익한 합리적 기계장치의 신체가 아니라 훈육용의 신체이고, 바로 이런 점에서 신체에는 많은 자연적 요구와 기능적 속박이 예상된다.[27]

종교 행위로서의 채찍질의 인기로 미루어볼 때 필리핀인들이 채찍질을 식민체제에 적대적인 방식으로 전용했다는 것은 놀랄 일이 아니다. 필로메노 아길라Filomeno Aguilar에 따르면, "바라는 것을 얻어내기 위해 식민 정부가 공무원들을 시켜 죄를 범한 필리핀인들에게 가했던 바로 그 채찍질이, 억눌렸던 것을 해소하기 위한 가장 강력한 수단이 되었다".[28] 아길라는 특히 행운과 생명력을 얻기 위해 십자가에 채찍질을 가하는 네그로스옥시덴탈 주의 풍습을 예로 든다. 속설에 따르면 감히 온 힘을 다해 성스러운 십자가에 채찍질을 가하는 자는 그 누구든 돈과 힘을 얻을 수 있다고 한다.

앞에서 언급한 사항들로부터 추론할 수 있는 사실은, 채찍질과 특히 채찍질 고행이 필리핀에서 두루 긴 역사를 지니고 있으며 지도층에서 이를 금하는 성명을 내고 있음에도 오늘날까지 이어지고 있다는 것이다. 또한 기술의 발전으로 정보의 전달이 매우 용이해졌기 때문에 필리핀의 채찍질 고행은 세계에서 적지 않은 관심을 받았다. 에세이, 뉴스 기사, 다큐멘터리의 주제로 다루어졌으며 그중 일부는 간단한 인터넷 검색만으로도 쉽게 찾을 수 있다. 그러나 대체로 필리핀의 가톨릭 성직자 고위층은 아직도 채찍질 고행을 특유의 경멸하는 태도로 바라보고 있다. 예를 들어, 채찍질 고행에 대한 1980년대 교회의 의견은 두 세기 전 선임자들의 의견을 그대로 반복하는 듯이 보였다. 저명한 예수회 심리학자인 하이메 불라타오 Jaime Bulatao는 "채찍질 고행은 다시 죄를 짓기 위해 (자기 방식으로) 속죄하는 행위"[29]라고 비꼬았다. 영향력 있는 성직자이자 여러 대통령의 고문이었던 (그리고 일각에 따르면 대통령 축출을 촉발한) 하이메 신 추기경은 채찍질 고행을 "어처구니 없는" 행위로 평하면서, "우리에게 요구되는 것은 속죄를 수행하는 것이지 그런 방식으로 스스로를 처벌하는 것이 아니"라고 말했다.[30]

채찍질 고행이 널리 인기를 얻고 있다는 사실을 인지한 가톨릭 교회는 최근 이 사안에 대해 다소 유화적인 입장을 취하기로 결정했다. 성직자들은 고행에 대한 비난을 삼가고 그 대신 신도들에게 고행을 할 때 조심할 것을 당부하면서, 사순절 기간의 본래 목적대로 그리스도의 수난 또한 묵상할 것을 권했다. 그러나 교회는 여전히 "공감적 고통"(즉, 고난당하는 그리스도에 대한 감정 이입)이 "실제로 스스로에게 가하는 고행"보다 나은 선택이라고 믿고 있다.[31]

채찍질 고행이 광신에 가까운 행위라는 가톨릭 교회의 비난에도 이 의식이 지속되어온 이유는 무엇일까? 그리스도의 숭고한 희생을 '그저' 묵상만 하는 것이 고행의 만족스러운 대안이 될 수 있을까? 다음의 유익하고 통찰력 있는 글을 보라.

수많은 고행자들은 신부들이 승인한 방식, 즉 그리스도의 고통을

채찍질 고행 중인 참회자들

수많은 고행자들은 신부들이
승인한 방식 즉 그리스도의 고통을
심정적으로 아파하는 것이
그리스도와의 공감적 동일시를 이루는
데 충분하지 못하다고 느낀다.
채찍질 고행은 다른 곤경과의 공감적
동일시를 전달하기 위해
고난이라는 문화적·종교적으로
결정된 방식을 통해 체화된 공감을
표현하는 것이다. 이런 점에서 채찍질은
가톨릭 교회에서 허락하는 것들과는
다른 초월의 방법이 된다.

심정적으로 아파하는 것이 그리스도와의 공감적 동일시를 이루는 데 충분하지 못하다고 느낀다. 채찍질 고행은 다른 곤경과의 공감적 동일시를 전달하기 위해 고난이라는 문화적·종교적으로 결정된 방식을 사용해 체화된 공감을 표현하는 것이다… 이런 점에서 채찍질은 가톨릭 교회에서 허락하는 것들과는 다른 초월의 방법이 된다. 가톨릭 성직자 대다수는 채찍질 고행의 현상학적 현실과 교회의 전통 및 교리를 조화시키지 못하고 있다.[32]

겸손한 참회자가 대중 앞에서 스스로 고행을 한다는 것은 믿음의 육체적 발현일 뿐만 아니라, 필리핀에서 널리 쓰이는 표현을 빌리자면, 각자 자기 십자가를 지고 있는 동료 인간들에 대한 공감을 표현하는 행위다. 대중 앞에서 스스로 채찍질을 하는 것은 개인과 대중 사이의 벽을 희미하게 만든다. 즉, 그에게 가해지는 고통은 표면적으로는 개인적이고 혼자 감내하는 것이지만, 사실 이는 공동의 경험이기도 하다.

이 같은 관찰은 시콜로히양 필리피노 Sikolohiyang Pilipino(필리핀 심리학)의 기본 원리와 정확하게 들어맞는다. 필리핀 심리학에서는 관계성, 공동체성, 타인 kapwa에 대한 공감을 필리핀인에게 내재된 특성으로 본다. 정체성과 개인주의에 대한 질문에 주로 관여하는 서구 심리학과 달리, 시콜로히양 필리피노에는 '타인에 대한 배려 pakikipagkapwa'를 핵심으로 하는 사회성과 연결성을 최고의 가치로 여기는 특징이 있다. 필리핀 심리학의 주요 학자인 로겔리아 페푸아Rogelia Pe-Pua와 엘리자베스 마르첼리노 Elizabeth Marcelino는 다음과 같이 주장한다.

> 필리핀 심리학의 주요 강조점은 국가 정체성과 국가 의식, 사회 참여, 언어와 문화의 심리학을 육성하는 것이다. 그러므로 필리핀 심리학은 건강, 농업, 예술, 대중매체, 종교 등 사람들의 일상과 관련된 모든 분야에 적절하게 적용하는 것과 관련이 있다.[33]

5

채찍질 고행을 어떻게 볼 것인가

채찍질 고행은 문화적 관습이다. 특별히, 이 책에서는 온라인 영상, 뉴스 기사, 블로그 게시글, 사진 등의 다양한 매체에서 표현된 채찍질 고행을 다루고자 한다. 자료는 이 책의 의도에 맞춰 선택했다. 처음에는 유튜브, 페이스북, 스팀잇 등 잘 알려진 미디어 사이트에 게재된 영상 20개, 사진 약 10장, 그리고 글 여러 편을 검토했다. 하지만 이를 비판적으로 분석하기에는 길이가 너무 짧거나 이 책의 목적 및 이에 상응하는 이론적 분석틀에 잘 들어맞지 않는 경우가 많았다. 이와 같은 여러 요건을 고려해 집필에 사용할 자료의 수를 줄여나갔고, 그에 따라 최종적으로 자료들을 선택할 수 있었다.

이 책에서는 해당 자료들에 나타나는 채찍질 고행을 (국가의 영웅이자 작가인 호세 리살이 자신의 소설에서 생생하게 묘사한 바 있는) 역사적·사회적 상상의 특정 요소들과 연계하여 해석한다. 이들 요소에는 스페인 식민지 시대에 스페인 수도사들이 필리핀인들에게 가한 채찍질뿐만 아니라, 현대의 필리핀인이 겪고 있는 빈곤이나 교통 체증 같은 일상의 문제들 또한 포함된다. 이를 위해 나는 줄리아 크리스테바가 주창한 아브젝시옹의 개념[34]을 제한적으로 사용한다. 아브젝시옹은 자아와 타인의 경계가 허물어지고 따라서 자아의 한계가 모호해짐에 따라 발생하는 공포와 관련된 상태를 정의하는 단어다. 그러나 크리스테바의 아브젝시옹이 종종 개인의 내면에서 일어나는 주관적인 것으로 해석되는 반면, 나는 이를 문화적인, 따라서 집단적인 기억에 더 가까운 것으로 변주했다. 식민지 시대 이후의 필리핀의 위치를 서구의 (신)식민지주의 담론과 관련지어 정하고 묘사하는 연구들에서 아브젝시옹이 언급된 바 있기 때문이다. 필리핀 학자인 롤랜도 톨렌티노Rolando Tolentino가 필리핀의 개 식용 문화를 본질화하고 오리엔탈리즘의 시선으로 묘사하는 서구의 견해를 분석한 논문이 그 예다.[35]

이와 더불어, 이 책에서는 제3세계 문학을 민족적 알레고리로 묘사한 프레드릭 제임슨의 이론체계[36]를 사용한다. 제임슨의 이론은 문학에 초점을 맞추고 있으나, 나는 종교 의식 등의 '다른' 문화적 관습까지도 다룰 수 있도록 분석틀을 확장할 긴

요한 요구가 있다고 보았다. 일견 과도한 듯한 열정이 담긴 제임슨의 제3세계 문학에 대한 성격 묘사에 대해서는 아이자즈 아마드Aijaz Ahmad 같은 좌파 학자들조차도 비판해왔다. 경제적으로 낙후된 국가들의 복잡성과 그 속에 존재하는 깊은 사회 균열을 인지하고도 이를 생략시켰기 때문이다.[37] 보다 최근의 학계 일각에서는, 꼭 제임슨의 범주화를 언급하지는 않으나, "제3세계"라는 용어를 갈등으로 점철된 냉전시대에서 비롯된 구시대적 유물로 평가절하한다. 그럼에도 이 책의 과제는 제임슨의 분석틀의 한계를 지적하는 설득력 있는 비판에도 이를 분석에 사용할 것을 정당화하는 것이었다. 제임슨의 성격 묘사가 제공하는 이론적 렌즈는, 문화적 관습 전부는 아니더라도 그중 일부를 국가 기반의 사회적 상상의 맥락에 놓고 고려하는 데에는 오늘날에도 여전히 유효한 도구다. 지나치게 단순화한 듯이 들릴 위험이 있지만, 나는 채찍질 고행이 가톨릭 교회나 정부 같은 전통적 권력자들의 반대에도 불구하고 인기를 이어온 배경에는 알레고리적인 무엇인가가 있다고 생각한다.

요컨대, 이 책에서는 문화적 텍스트로서의 채찍질 고행 의식이 어떻게 아브젝시옹의 비유인 동시에 국가의 알레고리적 서사로 읽힐 수 있는지 문제화하고자 한다. 구체적으로, 지표가 되는 질문들은 다음과 같다. 채찍질 고행은 어떤 방식에서 아브젝시옹을 보여주는가? 채찍질 고행이 어떻게 민족적 알레고리로 읽힐 수 있는가? 채찍질 고행은 어떻게 식민지 시대 이후의 고통을 알레고리화하고 또한 저항과 반란의 비유가 되는가? 채찍질 고행은 어떻게 문화적 기억을 구체화하는가?

필리핀 팜팡가에서 스스로에게 채찍질을 하는 사람들(2018)

6

채찍질 고행은 사람들의 의식을 어떻게 바꾸었는가

이번 장에서는 채찍질 고행이 중요한 부분을 차지하는, 앞에서 선택한 자료들에 대해 논의하고자 한다. 앞서 소개한 분석틀을 사용해 이 의식이 어떻게 묘사되는지, 그리고 페니텐샤와 고행의 서사가 어떻게 필리핀인들의 집단의식에 영향을 미치고 있는지를 분석할 것이다. 다시 강조하자면, 이 장에서는 아브젝시옹의 문화적 개념과 민족적 알레고리를 필리핀의 식민지 시대와 그 이후의 기억 및 상상과 결부시켜 논의를 전개하고자 한다.

강한 스페인 억양을 구사하는 해설자가 등장하는 (따라서 묘하게도 필리핀의 첫 식민지 시대의 경험을 떠올리게 하는) "필리핀에서 십자가에 못 박히다"라는 제목의 영상은 고행 의식에 처음부터 초점을 맞추지 않는다. 그 대신, 영상에서 직접적으로든 간접적으로든 밝히지 않은 이유로, 수도 마닐라에 인접해 있으며 채찍질 고행 의식이 행해지는 도시 엥겔레스의 홍등가 매춘부와 나이트클럽을 보여주는 관음적인 장면으로 시작한다[Figure 1]. 수난곡이 배경음악으로 흐르는 가운데 채찍질 고행단과 길게 늘어선 구경꾼 등 페니텐샤와 관련된 이미지들이 등장한다. 이 영상은 또한 과거와 현재의 법의 집행자들 간의 유사점을 암시하듯, 백부장들이 돌아다니며 경찰과 섞여 있는 모습을 보여준다.

    그러나 해설자는 해설 도중 "도대체 왜 이런 의식을 치르는 것일까요?"라는 질문을 계속 던지며 의구심과 충격을 드러낸다. 해설자와 그가 대리하고 있는 비非필리핀인 시청자들은 놀랍고 믿기지 않는 감정과 페니텐샤의 사실성 사이의 갈등이라는 지점에 있는 것이다. 외부자이자 의식을 처음으로 목격한 사람으로서 해설자는 질문을 반복함으로써 비현실적으로 느껴질 만큼 폭력적인 이 광경을 이해하기 위해 맹렬하게 노력한다. 이 같은 의미의 외견상 와해는 크리스테바에 따르면 아브젝시옹의 특징이다. 그러면서도 해설자는 참회자들이나 하다못해 의식에 참여한 다른 필리핀인들의 목소리를 직접 들려주기를 거부하고, 그에게는 그저 정도를 벗어난 것으로 보이는 이 의식에 대한 경악과 불신을 표현하는 데 그친다. 전부는 아니더라도 꽤 많은 외부자들이 그들을 혼란스럽게 하는 현지의

Figure 1 엥겔레스의 홍등가에서 대화를 나누고 있는 두 외국인

행위나 장면을 이런 식으로 신비화하는 우를 범한다. 이는 다시 말하면 "(현지인들의) 존재의 뚜렷한 색조에 대한 무심함"이다.[38]

다른 두 영상은 필리핀인들의 소문난 침묵을 다룬 것이 특징이다. 각각 "충격! 피에 물든 필리핀의 부활절"과 "필리핀의 십자가 형벌"이라는 제목이 붙은 이 영상들은 유튜브에서 로니 마칼로니라는 이름을 사용하는 어느 네덜란드 관광객이 성 주간에 엥겔레스 시 교외인 팜팡가 주 산 페르난도를 처음 방문하면서 찍은 것이다. 두 영상 모두 페니텐샤의 맥락은 다루지 않으면서 채찍질로 인해 피투성이가 된 몸만을 과도하게 강조하고 있다. 한 영상의 시작 부분에서는 필리핀인들이 백인 미국인을 부를 때 흔히 사용하는 호칭인 "조 Joe"로 이 관광객을 부르지만, 그는 앞에 보이는 광경에 몰두할 뿐 필리핀인들과의 의미 있는 상호작용은 보여주지 않는다. (상호작용에 가장 근접한 유일한 장면은 이 관광객이 한 참회자의 피가 묻은 자신의 손을 필리핀인들에게 보여주는 짧은 장면이다.)[Figure 2] 필리핀인 한 명이 악의 없이 "이름이 뭔가요?"라고 질문하는 소리도 들리지만 그는 아무런 대꾸도 하지 않는다.

두 영상 어디에서도 이 관광객이 필리핀인과 의미 있는 대화를 나누는 모습은 찾을 수 없으며, 그러면서도 그는 자막에 페니텐샤에 대한 자신의 견해를 태연하게 표현한다. "나는 충격

Figure 2 피 묻은 손을 보여주는 해설자

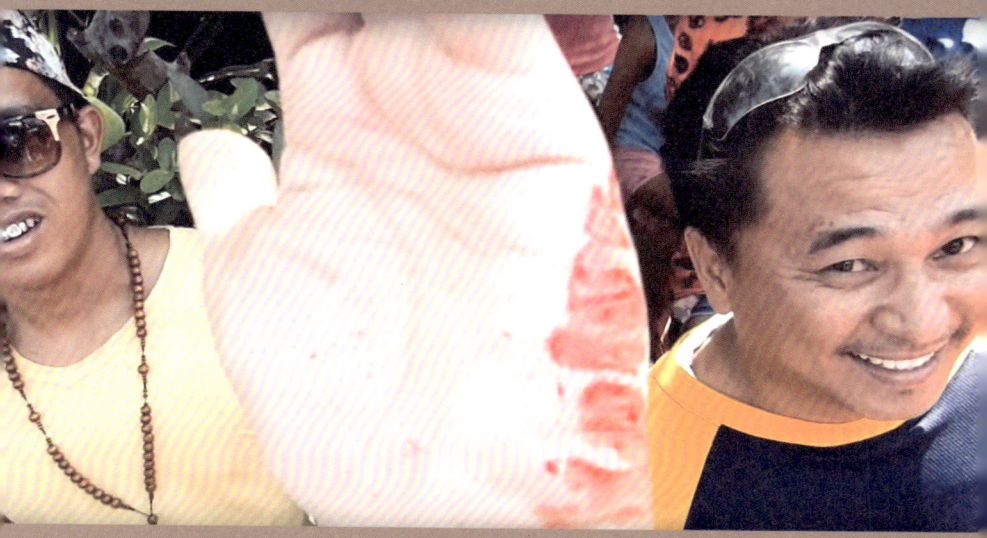

을 받았다. 어떤 사람들은 심지어 막대기로 맞았는데, 매질을 하는 남자들은 전혀 자비를 보이지 않았다." 이 관광객이 어느 필리핀인에게든 묻기만 하면 쉽게 알 수 있었을 이 의식의 맥락을 전혀 설명하지 않고, 관찰한 바만 전달했다는 사실은 당혹스럽다고 해도 과언이 아니다. 두 영상은 필리핀인들을 노골적으로 객체화함으로써 그들을 아브젝시옹과 견딜 수 없는 불확정성의 자리로 강등시킨다. 여기서, 눈앞의 광경을 그저 비서구인의 또 다른 잔혹하고 폭력적인 관습으로 묘사하려는 욕망에만 동기부여가 된 이 서구인 관광객은 현지인들과 의미 있는 상호작용을 하는 것을 거부함으로써 그가 바라보는 대상을 이국화하는 '대죄'를 지은 것이다. 아브젝트로서의 자연적 신체는 표현의 과정에서뿐만 아니라 대화의 명백한 부재 속에서 노골적인 주변성과 타자화의 대상이 된다. 필리핀인들의 침묵은 유럽인들이 그들을 묘사하고자 하는 방식에 필수적인 요소다. 푸코가 유려한 문장으로 표현했듯이,

> 침묵 그 자체—화자가 말하기를 거부하는, 혹은 입 밖에 내지 않도록 금지당한 것들, 서로 다른 화자들 사이에 필요한 신중함—는 그 반대편이 엄격한 경계선으로 분리되어 있는 담화의 절대적 한계라기보다는, 전반적인 전략 내에서 발화된 말들과 함께 혹은 그와 관련하여 기능하는 요소다. 발화된 것과 발화되지 않은 것 사이의 이

분법적인 구분이란 존재하지 않는다. 우리는 그런 것들을 말하지 않는 여러 다른 방법을, 그리고 그것들을 말할 수 있는 이들과 말할 수 없는 이들을 어떻게 구분할 것인지, 어떤 종류의 담화를 승인할 것인지, 혹은 각 경우에 어떤 형태의 분별이 요구되는지를 결정하기 위해 노력해야만 한다.[39]

미국 소재의 작은 언론사인 바이스 뉴스Vice News의 영상은 보다 짜임새 있고 덜 감정적인 듯한 묘사를 보여준다. 필리핀계 혼혈인 해설자 자멜라 엘링도건Jamela Alindogan은 눈앞의 광경에 불편함을 느꼈음이 명백해 보이는 찡그린 표정으로, "어딜 가나 피가 많이 보입니다"라고 외친다. 이와는 대조적으로, 휴대전화로 영상을 찍는 몇몇 어린이들은 피가 튀는 광경에도 태평한 모습을 보여준다. 어떤 소년은 고행자와 매우 가까운 거리에 서 있고 셔츠에는 참회자의 피가 튀어 있다. 영상은 참회자들의 표정에 나타난 우울함과는 대조적으로 축제적인 분위기와 술을 마시는 장면을 비춤으로써 이 의식의 불경한 느낌 또한 보여주려고 노력한다. 영상 말미에 나오는 십대들은 십자가형이 거행되는 장소로 향하면서 농담을 주고받고 웃음을 터뜨린다.

이 영상이 대다수의 다른 영상들과 가장 차별화되는 점은 해설자가 참회자 중 최소한 한 명과 인터뷰를 진행해 그가 생명

Figure 3
참회자와 인터뷰를 하고 있는 리포터 자멜라 엘링도건.
이 고행자는 심각한 병에서 회복된 후 매년 거행되는 이 의식에 참가하게 되었다고 밝히고 있다.

을 위협하는 병에 걸린 이후 이 의식에 참여하기 시작했다는 내용을 다룬 것이다. [Figure 3] 이것은 해설자가 필리핀계여서 생긴 차별점이다. 영상의 자막은 또한 가톨릭 교회와 신도들 사이의 힘의 역학 구조를 밝힌다. "이 의식이 그리스도의 메시지를 왜곡하는 것이라고 강조하는 가톨릭 교회에는 실망스럽게도, 이 행사는 수 년 동안 지속되고 있습니다." 페니텐샤가 가톨릭 권위자들의 반대에도 수세기 동안 지속되어왔다는 사실은 세계의 이쪽 지역에 존재하는 가톨릭 신앙이 복잡한 성격을 지닐 수밖에 없다는 점을 보여주며, 호미 바바 Homi Bhabha가 주창한 혼종성과 제3의 공간이라는 개념의 전형적인 예가 된다. 이는 곧 식민지 약탈과 현지 문화의 파괴 등 식민지 통치가 초래한 결과들을 되돌리는 것이 불가능하다는 점을 고려할 때, 식민주의의 변증법적 대립이 역설적으로 해방의 공간을 창조했다는 것을 의미한다.

> 제1의 공간은 문화적 고향, 즉 식민지 정복 이전의 원 문화다. 제2의 공간은 식민 구조가 부과된 공간이며, 바바에게 있어 제3의 공간은 전술한 두 공간의 혼합이자, 억압받는 국민들이 해방을 위한 계획을 세우고 피지배자와 지배자가 함께 모여 집단적으로 반대의 목소리를 내며 그들의 새로운 정체성을 이해하게 되는 공간을 의미하게 되었다.[40]

이렇듯 가톨릭 교회는 필리핀인들이 채찍질 고행에 참여하는 것을 막지 못했다. 1898년 미국 식민지 시대가 시작된 이후 필리핀에 소개된 개신교 종파와 현지 종교(예: 이글레시아 니 그리스도)의 성립으로 채찍질 고행에 대해서도 여러 다른 관점이 생겨났다. 새로운 관점 대다수가 가톨릭 교회와 마찬가지로 고행 의식을, 성경을 훼손하는 행위로 보며 경멸한다. 신도 수의 규모로 보았을 때 상대적으로 큰 종교에 속하는 '여호와의 증인' 필리핀 지부에서는 채찍질 고행을 포함해 그리스도의 고난을 모방하는 자기 처벌 행위 일체를 "성경에 위배되는 왜곡"[41]이라고 칭했다. 토착 종교인 이글레시아 니 그리스도는, 오랜 이교적 행위에서 유래된 모든 사순절의 전통에는 성경적 근거가 없으며 이를 지키는 모든 이가 영원한 저주를 받을 것이라며 더욱 더 전면적으로 비난하고 있다.[42] 적어도 이 문제에 있어서만큼은 로마 가톨릭 지도자들과 다른 종교들이 빈약하나마 공통적인 입장을 보이고 있는 것이다.

성경에 근거해 페니텐샤를 비난하는 입장은 영국 소재의 개신교 단체인 트로이 목마 인터내셔널에서 제작하고 2012년 인터넷에 올린 일련의 영상에서도 나타난다. 이 단체의 홈페이지를 운영하는 데이비드 클라크David Clark는 이들 영상의 해설자로 등장한다. 영상에서 클라크의 첫 마디는 뿌리 깊은 경멸과 혐오를 드러낼 뿐이다.

앞으로 보실 장면은 매우 충격적으로 다가올 수 있습니다. 미리 안심시켜드리자면, 이들이 채찍질 고행이라는 종교적 행위에 자발적으로 몸을 맡기는 충격적인 첫 장면보다 더 심한 장면은 나오지 않습니다. 필리핀에서 복음을 가르쳐야 할 필요가 명백히 있어 보입니다.

채찍질 고행을 처음 목격하는 영국인으로서 클라크는 서구인 선임자들의 문명화 사명을 그대로 답습하여, 자신의 목적은 "그리스도의 복음을 드러내는 것"이며 "이 사람들이 매우 진실하다는 것은 인정하지만, 복음을 '**진실로 잘못 이해**'하고 있다"고 말한다. 영상에서 그는 한발 더 나아가 이렇게 덧붙인다. "구원 사역은 이미 끝난 것입니다. 이들은 위대한 구속과 구원의 사역을 재현하고 있습니다. 저는 이런 것은 처음 봅니다. 우리가 증언하고 또 믿는 사실은 그리스도의 사역은 이미 완성되었다는 것입니다." 이후 화면에는 다음과 같은 자막이 나온다. "주여, 눈먼 자들의 눈을 열어 그리스도의 이미 완성된 사역을 보게 하옵소서."

영상에서는 또한 같은 지역에서 참회자들의 채찍질과 십자가형을 직접 목격한 외국인을 인터뷰한다. 이들 인터뷰를 관통하는 공통된 주제는 자해하는 장면을 보고 느낀 충격과 불편함이다. 일례로 한 미국인 평화봉사단원은 참회자들이 페니텐샤에 참여하는 신실함과 대담함을 칭찬하면서도 이 의식이 "다소 광신적"이라고 묘사한다. 아일랜드에서 온 개신교 목회자의 소견은 더 직설적이다.

> 우리가 보기에 이것은 신성모독입니다. 우리는 필리핀의 어둠을 이해해야 하고… 이 사람들에게 동정심을 품고 있습니다. 그들은 어둠 속에 있어요… 그러나, 우리는 이 의식은 비난하겠지만 이 사람들에 대해서는 깊은 감정을 갖고 있습니다… 이들을 도울 수 있는 유일한 방법은 하나님의 말씀을 전하는 것입니다… 구원의 말씀을 설명해주는 것이지요.

인터뷰에 응한 또 다른 백인은 페니텐샤에 대한 "놀라움"을 표하고, 이어서 다음과 같이 말한다. "저들이 이런 의식을 하지 않아도 된다는 것을 깨닫게 되면 얼마나 슬플까요… 예수님께서는 모든 인간을 위한 죗값을 한 번에 치르셨고, 우리는 그의 사랑과 용서를 마음으로 받아들이기만 하면 되는 것입니다." 이상하게도 이 사람은 인터뷰 마지막 즈음에서야 자신이 또 다른 개신교 종파의 신자라고 밝힌다.

이 인터뷰들이 문제가 되는 이유는 첫째, 인터뷰한 사람들이 모두 비개신교 의식을 목격한 백인 개신교인이라는 점이다. 둘째, 해설자인 클라크 씨가 서구(영국) 출신의 백인 개신교인으로서 본인이 이미 지니고 있던 여러 관념을 개입시켰으며, 이로써 페니텐샤에 대해 이미 선입견이 있었다는 사실이다. 식민지인들은 고대의 믿음과 미신 때문에 눈이 어두워진 사람들로서, 미개하고 뒤떨어졌으며 폭력적인 열등함을 지녔다는 전제하에 이들을 '문명화'시켜야 한다는 식민주의의 담화와 그의 언사를 결부시키지 않을 수 없다. 현지인들과 나눈 짧은 대화들은 클라크의 속단을 뒤집는 데에 아무런 도움이 되지 못한 듯하며, 어느 장면에서 클라크는 심지어 한 참회자와 언쟁을 벌이며 그가 기독교의 교리를 제대로 이해한 것인지 의문을 제기하기까지 한다. 영상에서 또 두드러지는 점은 클라크가 이 영상을 갖고 무엇을 할 작정인지 반복해서 언급하는 것이다. "저는 이 영상을 영국으로 가져갈 것입니다." 이 또한 세계를 동과 서로 나누고 서구를 더 우세하게 보는 이분법적 사고를 필요 이상으로 강조하는 발언이다. 동양에 대한 서구인들의 정형화된 개념을 통렬하게 비판한 에드워드 사이드 Edward Said의 글이 기억나지 않을 수 없다.

물론, 많은 작가들이 어느 국가가 이렇다거나, 혹은 더 낫다거나 다채롭다거나 비싸다거나 흥미롭다거나 하는 점을 알려주기 위해 여행기나 여행 안내서를 쓴다. 어떤 경우든, 여기서 기본이 되는 생각은 사람, 장소, 경험을 언제나 책 한 권으로 묘사할 수 있다는 것으로. 너무나 이 생각이 강력한 나머지 해당 책(이나 글)은 그 내용이 기술하는 실제보다도 더 큰 권위를 갖고 쓰이게 된다.[43]

과거에 편견에 물들고 본질화된 비서구권의 이미지를 강하게 주입한 것은 여행기였다. 오늘날에는 클라크 같은 여행자들이 찍은 영상이 그런 역할을 한다. 인터뷰를 진행하는 클라크 그리고 복음 전도에 열성인 인터뷰 대상자들 모두의 혐오를 끌어내면서 의미가 필연적으로 붕괴되자, 이들은 그 의미를 이해할 방법을 만들어내어 이를 기독교 성서를 보편화한 해석이 그 전형적인 예가 되는 이성적이고 로고스 중심주의적인 체계 속으로 다시 집어넣는다. 킨첼로Kincheloe의 통찰력 있고 유익한 글을 보라.

> 세계는 여러 관점에서 바라볼 수 있다. 관점이란 인간 정신의 구조들이다. 우리가 확실성과 위안을 찾기 위해 참고할 수 있는 절대적 기준이란 존재하지 않는다. 우리는 정신의 구조가 그 구조를 쌓아 올린 이들에게 타당한 경우에만 신뢰성을 부여한다.[44]

물론 필리핀의 국민들은 타자화와 종속 상태subalternity의 경험에 익숙하다. 필리핀인을 '개종'시켜야 할 필요가 있다는 논리는 서구가 동양의 무지몽매한 이교도들을 문명화한다는 명

목으로 행한 무자비한 정복의 긴 역사를 고통스럽게 일깨워준다. 19세기 말 미국이 필리핀과 합병하면서 내세운 것도 바로 이 논리였으며, 미국의 식민지 관리들은 이를 그들의 '문명화 사명'[45]이라고 불렀다. 어쨌든, 필리핀인들을 '기독교인으로 개종'시키고 문명화하고자 하는 이 동일한 욕구 때문에 스페인 사람들은 필리핀을 식민지화하고 식민지 사람들의 문화를 뜯어고치려고 했다. 사이드는 문화적 제국주의를 비판하는 예리한 평론에서 "근엄한 백인, 즉 광야에서 자신이 감당해야 할 사명에 한계를 두지 않고 자기 주장을 관철시키기 위해서는 그 어떤 것도 불사하는 일종의 청교도 초자아의 분노를 불러일으킨 타자들"[46]에 대한 종교의 도입을 언급한다. 첫 번째로는 스페인, 그다음으로 미국에 의한 필리핀의 식민통치 경험은 서구의 복음 전도 사명과 식민주의 사이의 불가분한 연결고리를 매우 전형적으로 보여준다.

지금은 종영된 다큐멘터리 프로그램 「세계에서 가장 위험한 장소들The World's Most Dangerous Places」의 한 에피소드에서는 필리핀의 채찍질 고행을 주 관심사로 다루지는 않는다. 그 대신 이 고행 의식은 해당 에피소드의 주제인 필리핀 정부와 필리핀 남부 지방의 이슬람 분리주의자들과의 계속되는 분쟁의 배경 역할을 한다. 노련한 캐나다인 저널리스트인 로버트 펠턴Robert Pelton의 해설은—펠턴은 분리주의 단체인 모로 이슬람 해방전 참회자들의 모습.
이 같이 피가 낭자한 모습은
교전 지역의 폭력에 비유된다.

선 Moro Islamic Liberation Front, MILF의 당시 지도자인 하심 살라마트 Hashim Salamat와의 인터뷰를 위해 필리핀을 방문했다—필리핀에 만연한 갈등과 폭력에 대한 언급으로 가득 차 있다. 다큐멘터리 첫 부분에서 펠턴이 암시하듯이, 필리핀은 "폭력에 물든 격동적인 역사를 지닌 나라"로 소개되며, 그와 같은 포괄적인 묘사에 대한 명확한 맥락은 전혀 제공되지 않는다. 과장과 선정성을 더해 보도하는 여느 외국인 기자들과 마찬가지로, 펠턴은 필리핀의 '격동적인' 역사가 어떤 종류의 '폭력'으로 물들었는지 명확하게 밝히지 않는다. 여기서 명료한 설명이 포함되었어야 하는 이유는 다른 모든 국가들처럼 필리핀도 주로 스페인과 미국 등 식민지 열강에 대한 저항 등 폭력이 필연적으로 수반된 역사가 있기 때문이다. 또한 모로 이슬람 해방전선 같은 이슬람 분리주의 반군과 공산주의 반군 등이 기득권에 맞서 일으킨 폭력적인 분쟁도 있었다. 펠턴이 그의 무조건적이고 애매한 주장에서 말하는 폭력이 이와 같은 역사 속의 폭력을 말하는 것인지, 아니면 단지 필리핀을 폭력이 난무하는 지역으로 묘사하기 위해 물리력이 동원된 평범한 길거리에서의 범죄를 가리켜 말한 것인지는 추측에 맡길 수밖에 없다.

같은 방식으로, 펠턴은 성주간 의식들(십자가형과 채찍질 고행)을 필리핀의 안녕과 질서라는 난제와 비교하는 잘못된 비유를 든다. 그는 "전쟁 지역에 가지 않아도 유혈사태를 경험할 수 있었습니다. 밖으로 운전해서 나가기만 하면 볼 수 있었지요"라고 말하며 스스로에게 채찍질을 가하는 참회자들을 보여준다. (다른 장면에서 펠턴은 사창가와 매춘부들을 비추면서 "마닐라의 어두운 면"이라고 부른다. 그러나 그는 이 장면들을 보다 큰, 빈곤을 야기하는 사회적·경제적 제도와 연관짓지 못한다. 이 제도는 모든 사람들이 인정하듯이 미국의 식민통치와 미국식 민주주의에 일부 책임이 있다.) 성주간에 대한 그의 묘사는 당혹스러우며("필리핀의 가장 폭력적인 공휴일"), 때로 장황하고 두서 없는 그의 논평은 어떤 면에서 매우 심오한 영성을 보여주는 이 의식을 비하한다.

음료를 사고 있는 일단의 무리로 카메라를 돌리면서, 펠턴은 마치 대중 앞에서의 고행이 훌륭한 연극이라는 투로 "히스테리에 휩싸인 군중은 피와 아이스크림을 원합니다"라고 말한다. 다시 말해 펠턴은, 주로 갈등으로 점철된 세계의 다른 지역에서 보도를 해본 많은 경험에도 불구하고 여전히 서구의 청중과 자신의 입맛을 만족시키기 위해 비서구인을 이국화시키는 덫에 빠지고 만 것이다. 펠턴의 보도가 요즘 같은 시대에도 여전히 오리엔탈리즘의 불쾌한 교리를 반영한다는 사실은 상당히 당황스럽다. 필리핀과 필리핀인에 대한 펠턴의 논평은 "식민주의나 진화론적 우위를 정당화"[47]하기 위해 식민주의 관점에서 필리핀을 묘사했던 저 악명 높은 1904년 세인트루이스 박람회의 잔재처럼 들린다. 필리핀에 대한 펠턴의 아브젝트적인 묘사는 많은 외국인들이 이전의 식민지를 논할 때 아직도 식민주의의 유물에서 벗어나지 못했음을 보여준다. 스피박Gayatri Spivak의 표현을 빌리자면, 펠턴이 연출하는 드라마 속의 서발턴은, 오리엔탈화시키는 외국인의 담화에 의해 목소리를 빼앗겼으므로 말을 할 수 없다.[48]

펠턴의 영상 속 묘사는 어떤 관행에 대한 철저한 이해 및 이에 수반하는 충분한 맥락화의 부재가 세계의 다른 지방에 존재하는 낯선 문화적 요소를 묘사할 때 어떤 영향을 미치는지 입증한다. 서구의 시청자들을 위해 찍은 것이 분명한 이 영상들에서 주가 되는 피투성이의 이미지들은, 공감을 표하는 것은 고사하고 명백하지도 논리적이지도 않은 방식으로 필리핀 사람들의 고행을 묘사한다.

채찍질 고행을 다룬 인터넷상의 자료를 찾아보면 직간접적으로 이 의식에 관련된 글 또한 다수 찾을 수 있다. 예를 들어 요즘 인기가 높아지고 있는 소셜미디어 플랫폼인 스팀잇steemit에는 이 주제에 대한 글이 여럿 올라와 있고, 그중에는 사진을 함께 포스팅한 경우도 있다. 그중 하나는 여러 장의 흑백 사진까지 제대로 갖추었으나, 앞의 영상들의 분석에서 나타난 타자화와 오해의 담화를 그대로 답습하고 있다. 채찍질 고행을 세세하게 묘사한 이 글의 글쓴이는 채찍질 고행을 난생처음으로 목도한 필리핀인으로서, 피가 난무하는 광경에 자신이 느낀 혐오감을 반복해서 표현하면서 "구역질과 현기증"이 났다고 말한다. 그는 더 나아가 "등이 이미 피투성이가 된 무리를 보고 나는 어떻게 반응해야 할지 몰랐다. 저건 가짜 피라고 속으로 되뇌며 계속 사진을 찍었다… 감당하기 어려울 정도로 고행 의식이 격해지면 집으로 가려고 한다"라고 말한다. 대다수의 영상처럼, 이 두서없는 평론 또한 이미지와 글쓴이의 본능적인 반응에만 집중하면서 고행 의식의 맥락은 설명하지 않는 특징을 보인다. 이를테면 고행 의식의 간략한 역사에 대한 설명이나 참회자들에게 왜 의식에 참여하게 되었는지 묻는 인터뷰라도 포함시켰다면 글의 부족함을 메울 수 있었을 것이다. 글쓴이가 서사에서 참회자를 제외시켰다는 사실은 크리스테바가 아브젝트에 대한 사람들의 즉각적인 반응이라고 보는 것, 즉 이 글에서 계속 언급되기도 하는 메스꺼움과 혐오감을 분명히 보여준다. 크리스테바의 글을 다시 인용한다.

> 아브젝트는 내가 타자나, 혹은 다른 사물들에 기댐으로써 적어도 초연하고 자발적인 존재가 되도록 도와주는 나와의 관계항이 아니다. 그것이 대상이라면—나에게 대항하는 것이라는 가치만을 갖는다. 그러나 만약 그렇지 않고, 대상이 나로 하여금 의미가 욕망하는 아슬아슬한 틀 속에서 균형 잡도록 도와주고 모호한 상태인 내가 동일화되는 것을 도와준다면, 선택된 대상인 아브젝트는 갑자기

배타적이 되어 나를 의미가 붕괴되는 장소로 가게 한다.[49]

　이뿐만 아니라 인터넷에서 수집한 여러 뉴스 기사에서도 아브젝시옹이 감지된다. 보다 구체적으로 말하자면, 기사들 다수가 충격과 불편함을 드러내는 단어를 동원해 성주간 고행 의식을 부정적인 어구로 묘사하고 있는 것이 눈에 띈다. 일례로 1988년 UPI가 보도한 기사에는 "필리핀의 소름 끼치는 성 금요일 전통"이라는 제목이 붙었다. 주어(예: '필리핀 사람들')와 동사(예: '기념하다' 혹은 '재현하다')가 없는 이 제목은 실제로는 중요하고 복잡하며 진화하고 있는 필리핀의 전통에 대한 편협하고 정적이며 단편적인 묘사다.
　제목만큼이나 내용도 문제가 많다. 이를테면 기자는 참회자들을 "종교적 광신도"로 지칭하고, 경솔한 주장을 펼친다. 마닐라의 참회자들에 대해서 "고행자 대다수는 마닐라 시립교도소에 복역 중인 범죄자들이다. 이들은 고행이 죄의 용서를 확증한다고 믿고 있다"라고 썼다. 마닐라 시립교도소를 포함한 여러 교도소의 수감자들이 매년 고행 의식에 참여하는 것으로 알려져 있긴 하지만, 참가자 중 대다수가 수감자인지는 확실하지 않다. 아무 때나 고행자들을 붙잡고 대충이라도 조사해보면 그중 다수는 죄수가 아니라, 교도소와는 거리가 먼, 공공 장소에서 스스로에게 채찍질을 하며 신에게 죄의 용서를 신실하게 구하는 헌신적인 신자들이라는 사실을 알 수 있을 것이다. 수감자를 결부시킨 이 잘못된 주장에 대해서는, 그것이 페니텐샤와 고행자들의 문화적 '부적법성'을 부각시키기 위한 수사학적 전략이 아닌지를 따져볼 수 있을 뿐이다.

흥미로운 점은 30년 전에 쓰인 이 기사가 당시 마닐라 대주교를 비롯한 저명한 가톨릭 권위자들의 의견을 인용하고 있다는 것이다. 소크라테스 빌레가스Socrates Villegas 대주교는 "고행 의식은 고행자들이 자신들이 하고 있는 행동의 의미를 잊고 있다는 사실을 보여줄 뿐이다… 내면의 변화 없이 겉으로만 행하는 것은 가식이다"라고 말했다. 이 발언과 또 다른 성직자들의 의견은, 고행 의식을 열정적이기는 하지만 피상적인 광신적 행위 정도로 여기는, 당시 가톨릭 지도자들 사이에 팽배했던 시각을 잘 보여준다.

다만 이미 지적한 바와 같이, 고행이 지금까지 끈질기게 지속되어왔다는 사실은 네트워크로서의 권력의 복잡성을 강조하며, 그러므로 중심부—이 맥락에서는 유럽 식민주의의 유물로서의 가톨릭 교회—의 헤게모니를 위태롭게 한다. 이 네트워크에는 본질적으로 저항의 가능성이 항시 존재하고 있으며, 그 이유는 주도권을 쥔 자나 현 상태에 대한 단방향적인 반대라는 단순한 구조 때문은 아니다. 지배란 영원히 미완성인 과정으로서, 그 특징은 소위 권력이 있는 자와 없는 자 사이의 활발한 대립이다. 식민지의 모방과 혼종성이, 호미 바바가 제3공간이라고 불렀던 것을 통해 "식민통치자의 권위와 정체성"[50]을 훼손시킨 식민주의가 그 예다. 식민지 시대 이후의 신학자 스티븐 무어 Stephen Moore의 글을 인용한다.

> 문화들 자체는 동시에 구성되고 해체된다. 어느 한 문화 체계의 정체성은 다른 문화 체계와의 차이점의 결과로서 부상하지만, 모든 문화를 포괄하는, 무한대로 제한이 없는 차등적 네트워크는, 문화가 정체성을 생성하는 순간 근본적으로 또한 필연적으로 그 정체성을 불안정하게 만든다. 결과적으로, 어떤 문화도 순수하거나 앞서거나 독창적이거나 통일되거나 자족할 수 없다. 이미 항상 불순함, 이류, 모방, 자기 분열, 타자성 alterity 에 감염된 상태이기 때문이다. 문화는 이미 혼종성에 감염되어 있다.[51]

이런 점에서, 필리핀의 가톨릭 교회가 속죄의 한 형태로서의 고행에 눈살을 찌푸리는 반면 로마 가톨릭의 교리는 스스로에게 가하는 형벌을 엄격하게 금지하고 있지 않다는 점에 주목해야 한다. 예를 들어, 가톨릭 뉴스 에이전시 CNA는 속죄를 다음과 같이 정의하고 있다. "… 과거에 지은 우리의 죄를 속죄하는 수단으로 스스로에게 가하는 체벌이다. 이는 또한 우리의 죄가 하느님께 모욕적인 것이었기에 그 죄를 혐오하고 비통하게 여기는 우리 마음의 처분을 뜻한다."⁵² 더욱이, 고행을 '성서에 위배되는' 광신적 종교행위로 성급하게 비난하거나 조롱하는 가톨릭 교회 관계자들은 고행자들이 이 의식에 계속 참여하는 중요한 이유 한 가지를 무시하고 있다.

그것은 바로 '파나타panata'로서, 서약, 약속, 헌신 등으로 번역할 수 있는 필리핀어 단어다. 파나타는 헌신적인 신자들이 특히 사랑하는 이들을 향해 표현하는 고행(혹은 여타의 종교 의식)에 참여하는 동기가 된다. 예를 들어 팜팡가 주 출신의 정보제공자 한 명은 그가 정기적으로 행하는 페니텐샤가 작고한 어머니에 대한 파나타라고 밝혔다. 가톨릭 교회가 페니텐샤를 호의적으로 보지 않는다는 사실을 인지하고 있지만, 자신의 헌신이 더 중요하다고 그는 주장한다. "교회에서 금지하는 것일지라도 나는 여전히 고행을 합니다. 그것은 나의 파나타이기 때문입니다. 아플 때마다 어머니가 생각나고, 페니텐샤를 계속하라고 말씀하시는 듯한 느낌이 듭니다(Kahit ito ay ipinagbabawal ng simbahan, pinagpapatuloy ko pa rin ito sapagkat ito ay aking panata. Kapag ako'y nagkakasakit, parang nakikita ko ang aking ina at parang sinasabihan ako na ipagpatuloy ang aking pagpepenitensya)."⁵³

실제로, 처벌과 고난이라는 마치 쌍둥이 같은 개념은 필리핀 문화에 매우 깊숙이 뿌리를 내려서, 그와 관련된 용어들―특히 페니텐샤―은 필리핀인들이 관용적으로 사용하는 표현이 되었다. 가장 평범한 것부터 가장 당혹스러운 것에 이르기까지 모든 종류의 사회적 관심사를 묘사할 때 페니텐샤의 정신이 언급된다. 예를 들어, 필리핀인들이 고질적으로 겪고 있으며 특히 수도의 시민들은 거의 매일 시달리는 교통 문제는 늘 페니텐샤라고 표현된다. 2017년 통계에 따르면 필리핀 상업의 중심지이자 행정 수도인 마닐라는 동남아에서 방콕과 자카르타에 이어 세 번째로 교통 문제가 심각한 도시[54]라는 불명예를 안고 있다. 올해에는 교통 지수에서 필리핀이 최악의 국가 5위로 기록되었다.[55] 출근하는 사람이든 아니든 일반적인 필리핀인이라면 누구나 정기적으로 악명 높은 교통정체에 시달리고, 이 같은 문제의 심각성 때문에, 교통 문제는 페니텐샤로 여겨지게 되었다. 최근 지역 방송국에서 방송한 뉴스 영상의 자막이 이를 잘 보여준다. "에피파니오 데 로스 산토스 대로EDSA를 방불케 하는 아팔릿의 교통 혼잡은 운전자들에게는 매일의 페니텐샤입니다(Mabigat na daloy ng traffic sa Apalit, penitensya para sa mga motorista, ang mala-EDSAng traffic na araw-araw nilang nararanasan: 인용자 번역)."[56]

페니텐샤는 관용어법으로 쓰이는데, 대의를 내세우는 단체들이 의제를 발전시키기 위해 이를 전용하기도 했다. 2014년, 주로 케손 주에 근거지를 두고 있으며 정치적으로 목소리를 내는 예술가들의 모임인 시닝 칼릴라얀Sining Kalilayan은 「페니텐샤 응 마마마얀Penitensya ng Mamamayan」(민중의 페니텐샤)이라는 공연을 열었다. 공연의 목적은 "(국가의) 착취와 억압으로 인해 야기된 어려움"[57] 때문에 일반 필리핀인들이 겪는 고통을 극화하는 것이었다. 이 단체의 홈페이지에 게시된 사진 갤러리에서는 가면을 쓴 참회자들이 스스로에게 채찍질을 가하거나 십자가를 지고 있는 익숙한 페니텐샤의 장면을 볼 수 있다. 그러나 이 사진들이 차별되는 지점은 참회자들이 지고 있는 십자가에 그려진 표식에서 볼 수 있듯이 그들의 행위가 정치적인 메시지를 담고 있다는 데 있다. 십자가에 쓰인 글들은 불법 채굴, 높은 전기요금, 민관합작 투자사업 등 필리핀의 지속적인 사회경제적 문제들과 그 원인을 언급하고 있다. 수백 년 된 전통이 현대의 문제를 조명하고 저항을 표현하기 위한 수단으로 창의적으로 재창조된 것이다. 이는 창의적 문화 저항에서 데투흐너망 détournement이라고 이름 붙여진 "방향 전환, 즉 본래의 맥락에서 이미지를 뽑아내 새 의미를 부여하는 행위"[58]의 전형적인 예다. 「페니텐샤 응 마마마얀」에 참여한 예술가들은 그리스도의 서사를 필리핀인의 고통의 서사에 꼭 들어맞도록 연계함으로써 널리 알려진 페니텐샤 의식에 공공연한 정치적 메시지를 불어넣었다. 이는 해방신학이 어떻게 기독교의 희생과 속죄의 서사를 연민, 저항, 희망의 서사로 재구성하여 기독교의 보수적이고 교조적인 해석을 탈피하게 되었는지를 일깨워준다. 이와 관련된 브로크먼 Brockman의 글이다.

해방신학이 우리에게 주는 가르침은 우리가 그리스도의 사건에 충실하게 신학을 펼치고자 하는 한, 교회 안에서나 밖에서나 우리는 그리스도가 함께 걷기로 선택한 이들, 죄의 구조에 의해 이방인이 된 이들에게 귀를 기울이는 법을 배워야 한다는 사실이다.[59]

이 점에 있어서, 페니텐샤는 그저 기이한 믿음의 표현이 아니라 필리핀인의 역사문화적 기억에서 떼어놓을 수 없는 행위다. 문화, 역사, 정치, 경제의 연계와 관련한 마르크스주의의 기본적인 계율을 인정하면서, 프레드릭 제임슨은 민족적 알레고리로서의 모든 제3세계 문학이 제1세계의 문학과 달리 개인적인 것과 정치적인 것의 경계선을 모호하게 만들었다고 선언했다. 제임슨이 상정한 비판적 이론을 확대하여 채찍질 고행에 대한 필자의 확장된 해석에 적용하자면, 페니텐샤는 집단적 고통뿐만 아니라 집단적 희망 또한 구현하는 민족적 알레고리로 해석될 수 있다. 스페인 식민통치의 부산물인 페니텐샤는 식민통치 시대의 기억, 특히 식민지 권력의 남용과 관련된 기억을 조롱거리로, 또한 알레고리적으로 불러낸다. 보다 현대에 와서는 일반적인 필리핀인들이 사회적 실존에 대한 '실제의' 공포를 해결하기 위해 기울이는 노력을 대변하게 되었다. 각각의 채찍질은 어려운 살림살이, 부족한 일자리, 감당할 수 없는 병원비, 굶주림, 고용 불안정, 교통 문제 등 모든 종류의 부당함을

페니텐샤 활동가들이 쓰는 가면

외친다. 마닐라와 인근 도시를 잠시만 거닐어보아도 현대화와 발전이 오히려 문제를 야기한 역설적 상황을 목격할 수 있다. 다시 제임슨의 글을 인용한다.

> 재구성되는 것은… 우리의 세상 겉모습 아래에 존재하는 끔찍하고 공포스럽게 객관적인 진짜 세상이다. 모든 사물의 악몽과 같은 실제를 드러내거나 감추는 것, 일상과 실존에 대한 우리의 전통적인 환상이나 합리화를 벗겨버리는 것이다.[60]

서구인이나 서구화된 외부인들이 고행의 이미지에 반사적인 반응을 보이는 것은 아마도 이러한 연관성을 인지하지 못하기 때문일 것이다. 단순히 폭력적인 구경거리를 넘어서, 페니텐샤는 "사회 및 역사적 악몽, 특히 역사 자체를 통해 숨이 막히는 삶의 공포의 이미지"[61]를 서사로 탈바꿈시킨다. 고행 의식은 오래도록 지속된 서발턴의 고통과 주변성을 연극화한 것으로, 역사에 뿌리를 두고 있으나 또한 현대성을 띠고 있기도 하며, 공동체적인 동시에 반란적인 것이다.

페니텐샤의 활동을 알리는 포스터

7 ★
마치며

고행 의식, 그중에서도 특히 채찍질 고행은 필리핀에서 길고 복잡하게 얽힌 역사를 지닌다. 일각에서는 광신적 행위라고 말하지만 사실 그 이상의 무엇인 채찍질 고행은 보여지는 것보다 훨씬 복잡하다. 성직자들의 이의 제기에도 불구하고 이 의식은 수 세기 동안 이어져왔으며, 컴퓨터 기술의 시대인 오늘날에는 세계 도처에 있는 사람들의 관심을 끌게 되어, 그중 일부의 사람들은 필리핀을 방문해 의식을 직접 확인하고 기록하기도 한다. 유감스럽게도 대중매체와 소셜미디어에서는 고행을 묘사할 때 그것의 복잡성은 생략하고, 때로는 고행자들을 오리엔탈리즘의 시각으로 이국화하기까지 한다. 상처, 관통상, 피, 폭력 등 고행 의식의 충격적인 요소에 과도하게 초점을 맞추는 이 같은 묘사는 선정주의와 맞닿아 있다. 고행을 광신적이고 비위생적인 관습으로 보는 가톨릭 교회와 정부 당국의 입장은 더 큰 혼란을 불러일으켰을 뿐이다. 어쨌든 수 세기 동안 이어져온 고행 의식은 여전히 인기가 있으며, 매년 열리는 성주간 기념식에서 빼놓을 수 없는 행사가 되었다.

지금까지의 분석에서 필자는 채찍질 고행이 불러일으키는 공포와 혐오감을 크리스테바의 아브젝시옹 개념을 이용해 문제화했다. 예를 들면, 참회자들이 고행 의식에 참여하는 동기를 강조하는 대신 신체적 고행에 수반되는 소름 끼치는 느낌, 폭력, 공포를 전면에 내세운 데서 아브젝시옹을 마주하게 된다. 앞에서 설명한 바와 같이, 이 아브젝시옹은 필리핀인을 외부자의 대상화하는 시선으로 바라보면서 그들을 야만적이고 미신을 믿으며 무지하고 광신적인 사람들로 생각하는 식민주의 시대의 타자화/타자됨의 흔적을 보여준다. 채찍질 고행이 고행자의 자아, 즉 몸과 영혼의 죄를 사해준다고들 하지만, 페니텐샤는 본질적으로 사회적인 의식이기 때문에 전적으로 고행자 자신만의 행위라거나 개인 내면의 행위라고 할 수 없다.

여기서 나는 공동체의 다른 구성원들이 '실제로' 참여하는 것만을 염두에 두고 말하는 것이 아니다. 페니텐샤가 사회적인 이유는 채찍질 고행 자체에 내재되어 있는 관계적 가치 때문이다. 우선, 페니텐샤의 동기는 고통 속에 죽음을 맞으러 갈보리 언덕으로 향하는 그리스도에 대한 강한 연민의 감정이다. 또한 가톨릭에서는 그리스도가 치른 궁극적 희생이 사회성을 띠고 있다고 가르치고 있으므로("그는 인류를 위해 죽으셨다"), 그 연민은 고행자가 스스로에게 가하는 채찍질을 통해 죄가 씻겨지는 다른 사람들에게까지 확대되는 것이다. 이 체계를 전제로 하면, 필리핀에서 널리 행해지는 이 의식을 필리핀에 대한 일종의 알레고리로 보는 것은 결코 무리한 해석이 아니다. 식민통치의 역사에 뿌리를 둔 고행 의식은 과거의 치욕을 알레고리화하는 동시에 현재의 불평등을 일깨우고 반란의 가능성을 선포한다.

전후 맥락 없이 필리핀의 관습을 기술하려고 하면, 특히 외부인이 그렇게 시도하는 경우, 필리핀의 헌신적인 신자들에게는 심오하고 영적인 이 의식을 불완전하게 묘사하거나 이국화하거나 공상적으로 그리게 된다. 채찍질 고행의 경우 해당 의식과 불가분의 관계인 필리핀의 역사와 기억의 다층적 복잡성이 고려되어야 한다. 그러나 생각해보면, 어떤 식의 묘사든 어느 개인이 지닌 경험과 관념에 따라 항상 흥미를 일으키고, 항상 물들기 마련이다. 스위스의 학자 야코프 부르크하르트 Jacob Burckhardt가 초기 유럽의 항해에 대해 쓴 글에서 말한 것처럼,

> 진정한 발견자는 운 좋게 무엇인가를 최초로 발견한 사람이 아니라 찾고 있던 것을 찾은 사람이다. 그런 사람은 자신의 선구자들과 같은 생각 및 관심사를 갖고 있으며, 이 같은 관계는 자신의 탐색에 대한 이야기를 전할 때 영향을 미치게 된다.[62]

페니텐샤가 사회적인 이유는
채찍질 고행 자체에 내재되어 있는
관계적 가치 때문이다.
페니텐샤의 동기는
고통 속에 죽음을 맞으러
갈보리 언덕으로 향하는
그리스도에 대한 강한 연민의 감정이다.

필리핀 팜팡가에서 열린 페니텐샤(2015).

미주

1 로드리고 두테르테는 전임 대통령이 지지를 표명한 후보를 포함해 네 명의 대선후보를 상대로 승리를 거두었다. 전임 대통령이 지지한 후보는 두테르테와 약 6백만 표 차로 낙선했다.

2 책의 원제는 『비밀의 제단: 필리핀 가톨릭 교회에서의 섹스, 정치, 돈』(*Altar of Secrets: Sex, Politics and Money in the Philippine Catholic Church*)으로, 고(故) 아리스 루포(Aries Rufo)가 썼다. 성적 학대와 부정한 재정 사용 등 가톨릭 교회 내에서 저질러진 범죄를 통렬하게 폭로하고 있다. 두테르테 대통령은 가톨릭 신부들에게 장광설을 퍼부을 때 이 책을 언급하곤 한다. 추정에 따르면 가톨릭 신부들 중 일부가 교구민들에게 2016년 대선에서 두테르테에게 표를 던지지 말 것을 권했다고 한다. 최근에는 두테르테 대통령이 "가톨릭의 신은 멍청하다"고 한 표현이 다시금 가톨릭 교회의 분노를 불러일으켰다. 아마도 이에 대한 보복으로 대통령 지지층에서는 가톨릭 교회와 야당 지도자들이 대통령을 끌어내리려고 한다는 음모론을 제시했다.

3 19세기경 신부 모데스토 데 카스트로가 쓴 이 책은 『어바나와 펠리사』(*Urbana at Felisa*)라는 제목으로도 알려져 있다.

4 거의 모든 필리핀 역사책에서 식민 정부에 대한 에르마노 풀레의 용감한 저항을 다루고 있다.

5 델 필라는 『라 솔리다리다드』(*La Solidaridad*)의 편집자였다. 『라 솔리다리다드』는 스페인으로 망명한 필리핀인들이 설립한 신문사로서, 정부 내 필리핀인의 비율을 높일 것을 요구했다.

6 성모의 이름 마리아가 불경하게도 동전을 뜻하는 타갈로그어로 바뀌었다.

7   마닐라 인근 지방 출신의 리살은 필리핀의 여러 영웅 중 가장 걸출한 인물이다. 상류층 가문에서 태어난 리살은 마닐라 최고의 대학에서 교육을 받고 유럽에서 유학했다. 예술과 과학에도 박식했으며, 에세이와 시 여러 편, 그리고 본문에 언급된 소설 두 편을 남겼다. 그는 필리핀의 독립과 식민 정부의 타도를 주장하지는 않았으나 스페인 식민 정부는 리살을 위협적인 존재로 여겼다. 그는 추방된 후 결국 서른다섯 살의 나이로 처형되었다.

8   이 작품은 마닐라 소재 필리핀 국립 박물관에 전시되어 있다. 레수렉시온 이달고(Ressureccion Hidalgo)는 유럽에서 주요 미술상을 수상한 필리핀 출신 화가 1세대에 속하며, 이는 당시 필리핀인에 대한 스페인의 차별을 감안하면 놀라운 쾌거였다.

9   Raissa Robles, "Rizal's Novels Would Be Banned Today If Catholic Church Succeeded in 1956," Inside Philippine Politics and Beyond, Blog, August 11, 2011.

10 Teodoro M. Locsin, "The Church under Attack," *The Philippines Free Press*, May 5, 1956, https://philippinesfreepress.wordpress.com/1956/05/05/the-church-under-attack-may-5-1956/

11 Delfin T Mallari, "Quezon Catholic Churches Display Team Patay, Team Buhay Tarpaulins," March 11, 2013, http://newsinfo.inquirer.net/371655/quezon-catholic-churches-display-team-patay-team-buhay-tarpaulins

12 가톨릭과 '필리핀 원시 종교' 사이의 변증법적 상관관계에 대한 최근의 글로는 다음을 참고. Antonio D. Sison, "Afflictive Apparitions: The Folk Catholic Imaginary in Philippine Cinema," *Material Religion* 11, no. 4 (2015).

13 저자 레이 이레토 박사(Dr. Rey Ileto)는 해석학적이고 후기 실증주의적인 관점에서 해체이론을 적용하여 역사를 역동적이고 유동적인 의미의 망으로 분석한다. 그는 전통적 역사기록학에서 주변부로 격하된 여러 집단이 사실은 독립과 국가의 지위에 대한 고유의 개념을 갖고 살았음을 보여주고자 했다. 물론 이는 푸코주의적 접근법, 즉 "통제된 지식들의 반란"이다.

14 델로스 산토스(Delos Santos)는 투옥되었고 며칠 후 의문스러운 정황 속에 사망했다. 구류 중 살해당했다는 설이 있다.

15 통속 서사 형태를 깊이 있게 다룬 레질 모자레스(Resil Mojares)의 「필리핀 소설의 기원과 등장: 1940년 이전의 소설에 대한 일반 연구」(Origins and Rise of the Filipino Novel: A Generic Study of the Novel until 1940) 참고. 1983년 초판본 발행. 이 논문에서

모자레스는 유럽인이 장편 및 단편 소설 같은 서사 형식을 소개하기 이전부터 필리핀 군도의 여러 지역에 이미 서사시나 신화 같은 고유의 서사가 존재했음을 보여준다.

16 모리오네스 축제에 대한 비판적 분석을 위해서는 1994년 출판된『문화와 텍스트: 필리핀 사회의 표현』(Cultures and Texts: Representations of Philippine Society) 중 아다치 테루야(Adachi Teruya)의 「이방인으로서의 투구」(The Morion as Stranger) 참조.

17 Rosario Cruz-Lucero, "Judas and His Phallus: The Carnivalesque Narratives of Holy Week in the Philippines," *History and Anthropology* 17, no. 1 (2006), 54-55. http://web.a.ebscohost.com/ehost/pdfviewer/pdfviewer?vid=4&sid=4d742804-3aff-4fb2-9b83-5e45b21444a2%40sessionmgr4009

18 F. Landa Jocano, "Filipino Catholicism: A Case Study in Religious Change," *Asian Studies Journal* 5, no 1 (1967), 64.

19 *Ibid.*

20 Charles Cunningham, "The Ecclesiastical Influence in the Philippines," *The American Journal of Theology* 23, no. 2 (1989), 169.

21 Cunningham, "The Ecclesiastical Influence," 166.

22 *Ibid.*

23 Bryan S. Turner and Oscar Salemink, eds., *Routledge Handbook of Religions in Asia*, New York: Routledge, 2014, 99.

24 2006년 『교차점: 아시아 컨텍스트에서의 젠더, 역사, 문화』(*Intersections: Gender, History and Culture in the Asian Context*)에 게재된 말콤 민츠(Malcolm Mintzs)의 「스페인 식민지 시대 이전 필리핀의 범죄와 처벌」(Crime and Punishment in Pre-Hispanic Philippines) 참고.

25 Jose Arcilla, "Slavery, Flogging and Other Moral Cases in 17th Century Philippines," *Philippine Studies* 20, no. 3 (1972), 403.

26 Victoriano D. Diamonon, "A Study of the Philippine Government during the Spanish Regime," MA(Master of Arts) thesis, State University of Iowa, 1919, 42.

27 Michel Foucault, *Discipline and Punish: The Birth of the Prison*, trans. Alan Sheridan, New York: Vintage Books, 1977/1995: 155. 미셸 푸코 『감시와 처벌』, 오생근 옮김, 나남 2019, 244.

28 Filomeno Aguilar, *The History of Power and Sugar Planter Hegemony on a Visayan Island*,

29　Jervina Lao, "A Grisly Good Friday Tradition in the Philippines," *United Press International*, March 28, 1988, https://www.upi.com/Archives/1988/03/28/A-grisly-Good-Friday-tradition-in-the-Philippines/6020575528400/

30　*Ibid.*

31　*Ibid.*

32　*Ibid.*, 104.

31　Julius Bautista, "The localization of Roman Catholicism: Radical transcendence and social empathy in a Philippine town" in Salemink, O. and Turner, B. S. (eds.) *The Routledge Handbook of Asian Religions*, Oxford and New Delhi: Routledge, 2015, 101.

32　*Ibid.*

33　Rogelia Pe-Pua and Elizabeth Protacio-Marcelino, "Sikolohiyang Pilipino (Filipino Psychology): A Legacy of Virgilio G. Enriquez," *Asia Journal of Social Psychology* 3 (2000), 51.

34　1982년 처음 출판된 줄리아 크리스테바의 도발적 저작 『공포의 권력』(*Powers of Horror: An Essay on Abjection,* 서민원 옮김, 동문선 2001) 참고.

35　2008년 출판된 『필리핀 연구: 우리는 세인트루이스를 넘어선 것인가?』(*Philippine Studies: Have We Gone beyond St. Louis?*)에 실린 톨렌티노(Tolentino)의 「개고기 식용문화/개고기를 먹는 사람들: 필리핀 식민지주의와 신식민지주의 담론의 아브젝시옹」(Dogeating/Dogeaters: Abjection in Philippine Colonial and Neocolonial Discourse) 참고.

36　제임슨의 이 견해는 1986년 학술지 『소셜 텍스트』(*Social Text*)에 처음 게재된 「다국적 자본주의 시대의 제3세계 문학」(Third-World Literature in the Era of Multinational Capitalism)에 처음 등장한다. 이 에세이는, 말미에 저자가 썼듯이, 자주 인용되는 그의 저작 『포스트 모더니즘, 또는 후기 자본주의의 문화 논리』(*Postmodernism, or the Cultural Logic of Late Capitalism*)를 보완하는 글로 볼 수 있다. 제임슨의 「제3세계 문학」(Third-World Literature)은 아마도 마르크스주의 학자를 자처하는 이가 쓴 비서구 문학에 대한 평론 중 가장 동조적인 글일 것이다.

37　인도의 좌파 학자인 아이자즈 아마드의 이 비평은 『소셜 텍스트』에 처음 게재되었다. 여기서 아마드는 제임슨의 관대한 선언에서 논쟁의 여지가 많은 허점들을 지적하고 있다.

38 Albert Doja, "From the Native Point of View: An Insider/Outsider Perspective on Folkloric Archaism and Modern Anthropology in Albania," *History of the Human Sciences* 28, no. 4, 45.

39 Michel Foucault, *The History of Sexuality* Volume 1: An Introduction, trans. Robert Hurley, New York: Pantheon Books, 1990, 27.

40 Habiba Boumlik and Joni Schwartz, "Conscientization and Third Space: A Case Study of Tunisian Activism," *Adult Education Quarterly* 66, no. 4 (2016), 323.

41 "Can Self-Inflicted Pain Help You Get Closer to God?" *Awake*, 2011, https://wol.jw.org/en/wol/d/r1/lp-e/102011088

42 이 토착종교에 대한 논의에 대해서는 위프 앤 스톡(Wipf and Stock)이 2017년 출판한 앤 C. 하퍼(Ann C. Harper)의 『이글레시아 니 그리스도의 이해: 이들의 믿음의 대상과 이들에게 다가가는 법』(*Understanding the Iglesia ni Cristo: What They Believe in and How They Can be Reached*) 참고.

43 Edward Said, *Orientalism*, New York: Penguin, 2003, 93.

44 Joe L. Kincheloe, *Teachers as Researchers: Qualitative Inquiry as a Path to Empowerment*, London and New York: Routledge Falmer, 2003, 168.

45 문명화 사명은 역사에 기록된 가장 논쟁적인 식민주의의 명분 중 하나다. 미국의 문명화 사명은 이후 자애로운 동화(benevolent assimilation)라는 새로운 이름을 얻었으나, 이는 필리핀을 식민지화하기 위한 필요를 강조하기 위한 또 다른 완곡어법에 불과하다. 정부에 필리핀인 의원단이 일부나마 입성할 수 있었던 것은 수 년이 지나서였고, 그나마도 정치권력은 대체로 미국인의 손에 있었다. 1946년 (일본이 필리핀을 점령했던 3년의 공위空位 기간을 거쳐) 얻은 '독립'조차도 미국이 필리핀 정치에 간섭하지 않을 것을 보장해주지는 못했다.

46 이 문구는 2004년 출판된 윌리엄 D. 하트(William D. Hart)의 『에드워드 사이드와 문화의 종교적 영향』(*Edward Said and the Religious Effects of Culture*)에 인용되었다.

47 Nancy J. Parezo;, Don D. Fowler, *Anthropology Goes to the Fair: The 1904 Louisiana Purchase Exposition*, Lincoln/London: University of Nebraska Press, 2007.

48 Gayatri Chakravorty Spivak, "Can the Subaltern Speak?" in Cary Nelson and Lawrence Grossberg (eds), *Marxism and the Interpretation of Culture*, London: Macmillan, 1988.

49 Kristeva, "Powers of Horror," 2. 줄리아 크리스테바 『공포의 권력』, 21-22.

50 Stephen D. Moore, "The Revelation to John," in *A Postcolonial Commentary on the New Testament Writings*, eds. Fernando F. Segovia and R. S. Sugirtharajah, New York: T&T Clark, 2009, 445.

51 Ibid.

52 "Lesson 17: On the Sacrament of Penance," Catholic News Agency, https://www.catholicnewsagency.com/resources/catechism/baltimore-catechism/lesson-17-on-the-sacrament-of-penance

53 익명의 본 정보제공자는 필리핀 대학에서 필자가 가르친 제자 카를로 데 디오스(Carlo de Dios)를 통해 만났다. 데 디오스 또한 자신의 고향인 팜팡가 주의 고행자들의 이야기를 연구했다. 이 책에서 단 한 명의 고행자만 인터뷰한 이유는 시간의 제약과 아울러, 다른 고행자들의 사연이 본 논문의 취지와 범위에서 벗어났기 때문이다. 이 고행자의 고백을 논문에 포함시킨 것은 파나타의 힘에 대한 주장을 입증하기 위해서다.

54 2017년 11월 10일『더 필리핀 스타』(*The Philippine Star*)에 처음 실린 리치먼드 머큐리오(Richmond Mercurio)의「아시아 최악의 도심 교통: 마닐라가 3위 차지」(Worst City Traffic in Asia: Metro Manila Ranks 3rd) 참고.

55 *Ibid.*

55 https://www.numbeo.com/cost-of-living/rankings.jsp?title=2018

56 CLTV36. Facebook post. April 6, 2018. https://www.facebook.com/cltv36official/videos/10156707120567668/?q=CLTV36%20penitensya

57 Mayk C. Alegre. "Artists in Quezon Venerate Lenten Season through Performance Art," Blog, April 16, 2014. https://silayanquezon.wordpress.com/

58 David Darts, "Visual Culture Jam: Art, Pedagogy and Creative Resistance," *Studies in Art Education: A Journal of Culture and Research* 45, no. 4 (2004), 321.

59 David R. Brockman, *No Longer the Same: Religious Others and the Liberation of Christian Theology*, New York: Palgrave Macmillan, 2011, 12.

60 Fredric Jameson, "Third-World Literature in the Era of Multinational Capitalism," *Social Text* no. 15 (Autumn 1986), 71.

61 *Ibid.*

62 Jacob Burckhardt, *The Civilization of the Renaissance in Italy*, trans. S.G.C. Middlemore, New York: The New American Library, 1960, 280.

참고문헌

Aguilar, Filomeno. *The History of Power and Sugar Planter Hegemony on a Visayan Island*. Quezon City: Ateneo de Manila University Press, 1998.

Alegre, Mark. "Artists in Quezon Venerate Lenten Season Through Performance Art." Blog. April 16, 2014. https://silayanquezon.wordpress.com/

Alegre, Mayk C. "Artists in Quezon Venerate Lenten Season Through Performance Art." Blog. April 16, 2014. https://silayanquezon.wordpress.com/

Arcilla, Jose. "Slavery, Flogging and Other Moral Cases in 17th Century Philippines." *Philippine Studies* 20, no. 3 (1972), 399–416. http://philippinestudies.net/ojs/index.php/ps/article/view/1975/5025

Boumlik, Habiba, and Joni Schwartz. , "Conscientization and Third Space: A Case Study of Tunisian Activism." *Adult Education Quarterly* 66, no. 4 (2016), 319–335. http://web.a.ebscohost.com/ehost/pdfviewer/pdfviewer?vid=5&sid=193717da-0a03-4524-a64d-cc78e43da5d0%40sessionmgr4006

Brockman, David R. *No Longer the Same: Religious Others and the Liberation of Christian Theology*. New York: Palgrave Macmillan: 2011.

Bryan S. Turner and Oscar Salemink, eds., *Routledge Handbook of Religions in Asia*. New York: Routledge, 2014.

Burckhardt, Jacob. *The Civilization of the Renaissance in Italy*. Translated by S.G.C. Middlemore. New York: The New American Library, 1960.

"Can Self-Inflicted Pain Help You Get Closer to God?" *Awake*, 2011. https://wol.jw.org/en/

wol/d/r1/lp-e/102011088

Clarke, David. "Crucifixtion 2 1st Crucifixion Pampanga." Uploaded on April 6, 2012. YouTube Video, 10:31. https://www.youtube.com/watch?v=EwGRRbCotas

CLTV36."PNP at LGU." Facebook, April 6, 2018. https://www.facebook.com/cltv36official/videos/10156707120567668/?q=CLTV36%20penitensya

Cruz-Lucero, Rosario. "Judas and His Phallus: The Carnivalesque Narratives of Holy Week in the Philippines." *History and Anthropology* 17, no. 1 (2006), 39-56. http://web.a.ebscohost.com/ehost/pdfviewer/pdfviewer?vid=4&sid=4d742804-3aff-4fb2-9b83-5e45b21444a2%40sessionmgr4009

Cunningham, Charles. "The Ecclesiastical Influence in the Philippines." *The American Journal of Theology* 23, no. 2 (1989), 161-186. https://www.jstor.org/stable/pdf/3155754.pdf?refreqid=excelsior%3A5ea39f99d0ae060bd077aca760d982e3

Darts, David. "Visual Culture Jam: Art, Pedagogy and Creative Resistance." *Studies in Art Education: A Journal of Culture and Research* 45, no. 4 (2004), 313-327. https://steinhardt.nyu.edu/scmsAdmin/uploads/001/665/VisCultJAM.pdf

Diamonon, Victoriano. "A Study of the Philippine Government During the Spanish Regime." MA Thesis, State University of Iowa, 1919. https://ir.uiowa.edu/cgi/viewcontent.cgi?article=4112&context=etd

Doja, Albert. "From the Native Point of View: An Insider/Outsider Perspective on Folkloric Archaism and Modern Anthropology in Albania." *History of the Human Sciences* 28, no. 4, 44-75. https://doi.org/10.1177/0952695115594099

DPx Gear, Inc. "Robert Young Pelton's, The World's Most Dangerous Places: The Philippines The Crescent and the Cross." Uploaded on March 5, 2016. YouTube Video, 1:03:11. https://www.youtube.com/watch?v=g-lVCJN0XVQ

Foucault, Michel. *Discipline and Punish: The Birth of the Prison*. Translated by Alan Sheridan. New York: Vintage Books, 1977/1995.

Foucault, Michel. *The History of Sexuality* Volume 1: An Introduction. Translated by Robert Hurley. New York: Pantheon Books, 1990.

Jameson, Fredric. "Third-World Literature in the Era of Multinational Capitalism." *Social Text* no. 15 (Autumn 1986), 65-88. http://postcolonial.net/@/DigitalLibrary/_entries/113/filepdf.pdf

Jocano, F. Landa. "Filipino Catholicism: A Case Study in Religious Change." *Asian Studies Journal* 5, no 1 (1967), 42-64. http://www.asj.upd.edu.ph/mediabox/archive/ASJ-05-01-1967/jocano-filipino-catholicism-case-study-religious-change.pdf

Kincheloe, Joe L. Teachers as Researchers: *Qualitative Inquiry as a Path to Empowerment*. London and New York: Routledge Falmer, 2003.

Lao, Jervina. "A Grisly Good Friday Tradition in the Philippines." *United Press International*, March 28, 1988. https://www.upi.com/Archives/1988/03/28/A-grisly-Good-Friday-tradition-in-the-Philippines/6020575528400/

"Lesson 17: On the Sacrament of Penance." *Catholic News Agency*. https://www.catholicnewsagency.com/resources/catechism/baltimore-catechism/lesson-17-on-the-sacrament-of-penance

Locsin, Teodoro M. "The Church Under Attack." *The Philippines Free Press*. May 5, 1956, https://philippinesfreepress.wordpress.com/1956/05/05/the-church-under-attack-may-5-1956/

Mallari, Delfin T. "Quezon Catholic Churches Display Team Patay, Team Buhay Tarpaulins." *Philippine Daily Inquirer*, March 11, 2013. http://newsinfo.inquirer.net/371655/quezon-catholic-churches-display-team-patay-team-buhay-tarpaulins

Moore, Stephen D. "The Revelation to John." In *A Postcolonial Commentary on the New Testament Writings*, edited by Fernando F. Segovia and R. S. Sugirtharajah, New York: T&T Clark, 2009, 436-454.

Pe-Pua, Rogelia, and Elizabeth Protacio-Marcelino. "Sikolohiyang Pilipino (Filipino Psychology): A Legacy of Virgilio G. Enriquez." *Asia Journal of Social Psychology* 3 (2000), 49-71. https://onlinelibrary.wiley.com/doi/pdf/10.1111/1467-839X.00054.

Robles, Raissa. "Rizal's Novels Would Be Banned Today If Catholic Church Succeeded in 1956." Inside Philippine Politics and Beyond. Blog. August 11, 2011. https://www.raissarobles.com/2011/08/11/rizals-novels-would-be-banned-today-if-catholic-church-succeeded-in-1956/

ronniemacaloni. "Crucifixion in the Philippines." Uploaded on March 30, 2017. YouTube Video, 5:01. https://www.youtube.com/watch?v=H5NyBFpTbRE

ronniemacaloni. "Shocking! Bloody Easter in the Philippines." Uploaded on March 5, 2012.

YouTube Video, 2:17. https://www.youtube.com/watch?v=GJddpHFqhL4

Said, Edward. *Orientalism*. New York: Penguin, 2003.

Un Mundo en mis Ojos. "Crucified in the Philippines." Uploaded on March 25, 2016. YouTube Video, 9:47. https://www.youtube.com/watch?v=_Yz96O_H1pc

Vice News. "Crucifixion in the Philippines." Uploaded on March 25, 2016. YouTube Video, 4:20. https://www.youtube.com/watch?v=NItfxWdweBQ

watersnake101. "Penitensya (Penance)." Steemit, April 1, 2018. https://steemit.com/photography/@watersnake101/penitensya-penance

사진 크레딧

006~007   Pacific Press Agency / Alamy Stock Photo

010~011   Dennis van de Water / Shutterstock.com

017   agefotostock / Alamy Stock Photo

026~027   Etienne Hartjes / Shutterstock.com

032~033   junpinzon / Shutterstock.com

036~037   Kobby Dagan / Shutterstock.com

040~041   Kobby Dagan / Shutterstock.com

045   Kobby Dagan / Shutterstock.com

063   Pacific Press Agency / Alamy Stock Photo

100~101   Pacific Press Agency / Alamy Stock Photo

교차하는 아시아 2

페니텐샤
— 정복당한 이들의 고행 그리고 저항

초판 1쇄 발행 2020년 9월 29일

지은이 노엘 크리스티안 A. 모라틸라
옮긴이 이혜주
발행처 국립아시아문화전당
발행인 박태영
기획 아시아문화원
디자인 박대성

주소 61485 광주광역시 동구 문화전당로 38
문의 1899-5566
홈페이지 www.acc.go.kr

값 16,000원
ISBN 979-11-89652-45-6 94300
ISBN 979-11-89652-43-2 (세트)

ⓒ 국립아시아문화전당, 노엘 크리스티안 A. 모라틸라 2020

이 책에 수록된 도판 및 글의 저작권은 해당 저자, 소장 기관 및 국립아시아문화전당에 있습니다.
이 책은 저작권법에 의해 보호받는 저작물이므로 무단전재 및 복제를 금합니다.

이 도서의 국립중앙도서관 출판시도서목록(CIP)은 e-CIP홈페이지(http://www.nl.go.kr/ecip)에서 이용하실 수 있습니다. (CIP제어번호 : CIP2020036522)